DR. HEINZ FIDELSBERGER
DER DREIFACHE WEG ZUM GLÜCK!

DR. HEINZ FIDELSBERGER

DER DREIFACHE WEG ZUM GLÜCK!

GENBIOLOGISCH – ASTROLOGISCH – SOZIAL

EDITON TAU

B I R I C Z
Druck-, Verlags- und Handelsges.m.b.H., Bad Sauerbrunn
Umschlagentwurf: Edition Tau, Bad Sauerbrunn
Satz: Tau Type, Bad Sauerbrunn
Druck: Ketterl, Wien

ISBN 3-900977-53-4

Inhalt

Was ist der Mensch,
wenn seiner Zeit Gewinn,
sein höchstes Gut nur
Essen, Fernsehen und Schlaf ist?
Ein Vieh, nichts weiter.
Gewiß, der uns mit solcher Denkkraft
schuf,
voraus zu schaun und rückwärts,
gab uns nicht die Fähigkeit
und göttliche Vernunft,
um ungebraucht in uns zu schimmeln.

Shakespeare „HAMLET“
IV. Aufzug, IV Szene
(angepaßt an die heutige Zeit)

Vorwort

Es sind drei Fügungen des Schicksals, die den Lebensweg jedes einzelnen Menschen bestimmen. Die alleinige Wirksamkeit dieser den Lebenslauf bestimmenden Kräfte konnte erst in den vergangenen fünfzig Jahren geklärt werden. Daher sind die vielen Überlegungen, die früher einmal die Menschen immer wieder über das Walten des Schicksals angestellt haben, zunächst immer lückenhaft und unzureichend, sehr oft aber auch ganz falsch gewesen. Die wirklichen Ursachen, die das Leben eines Menschen unmißverständlich prägen, konnten erst durch die modernen Naturwissenschaften aufgedeckt werden. Sie haben damit unzählige zum Teil sehr tiefsinnige Betrachtungen über das Schicksal zu wertlosem Geschwätz werden lassen.

Ungeklärt geblieben ist allerdings nach wie vor jene das Schicksal bestimmende Macht, die hinter diesen Fügungen steht, die hier die Fäden knüpft und wieder zerreißt. Ob man nun an ein göttliches Wesen glaubt oder bloß an ein „außerirdisches Regulativ", ist letztlich gleichgültig. Man sollte sich damit begnügen, daß sozusagen von außen her, dem irdischen Blick entzogen, jene Eingriffe in das gesamte Leben erfolgen, die schließlich alle Geschehnisse hier auf dieser Erde bestimmt haben, jetzt bestimmen und in Zukunft auch bestimmen werden.

Geblieben aber ist die so gewichtige Frage, inwieweit der Mensch in der Lage ist, mit seinem Willen, seinem Wissen und Können, mit seinen Entscheidungen und Taten diese Schicksalsfügungen abzuändern. Es ist die Frage nach dem freien Willen, seit Menschengedenken immer wieder erörtert und zumeist von den Religionen allerdings höchst unterschiedlich beantwortet.

Diese Antworten erheben oft die Forderung, man müsse sich dem göttlichen Willen oder dem Walten des Schicksals fügen und unterwerfen, alles sei vorausbestimmt, und man könne fast nichts oder auch gar nichts ändern. Besonders grausam ist hier die Religion Calvins, der die Prädestination zum Glaubenssatz erhob. Demnach steht bei jedem Menschen schon von Geburt an fest, ob er einmal in die ewige Seligkeit gelangen werde oder zur ewigen Verdammnis verurteilt sei. Alle Religionsstifter, alle Religionen haben zur Frage des freien Willens in irgendeiner Weise Stellung nehmen müssen, weil das gesamte Handeln eines Menschen danach gewertet werden muß. Denn könnte der Mensch mit seinem Willen nichts ändern, wäre alles

Schicksal, alles Bestimmung, dann wäre er ja für sein Tun in keiner Weise verantwortlich.

Mit der Erkenntnis nun, daß *drei* Fügungen des Schicksals den Lebensweg eines Menschen bestimmen, konnte jedoch auch erkannt werden, daß jede einzelne davon mehr oder weniger moduliert, also abgewandelt werden kann. Je deutlicher ein Mensch diese Schicksalsfügungen versteht, umso mehr Möglichkeiten stehen ihm zur Verfügung, um sein Schicksal zumindest in einem beachtlichen Ausmaß selbst zu gestalten.

Das ist das absolut Neue, in seinem ganzen Umfang bis zum heutigen Tag so gut wie nicht erkannt. Es ist überhaupt nicht schwierig, die hier gegebenen Umstände zu verstehen, man muß nur bereit sein, einmal alles zu überdenken, die Frage nach dem Woher zu stellen, weil sich dann die Frage nach dem Wohin beantworten läßt.

Wien, 30. August 1993 — Dr. Heinz Fidelsberger

Das Streben nach Glück

Sie waren weise, die Gründerväter der Vereinigten Staaten von Amerika. Sie haben in ihre Erklärung über die Menschenrechte auch das Recht, nach Glück zu streben, einbezogen. Wohlgemerkt, sie haben nicht das Glück versprochen, sie haben keine Garantie dafür gegeben, daß mit den neuen Gesetzen alle Menschen glücklich würden. Sie wußten, daß Glück, wie auch immer man es definieren mag, so etwas wie ein Ziel ist, das man zu erreichen versucht. Aber niemand kann die Gewähr geben, daß man dieses Ziel auch je erreichen wird können. Nur in der heutigen Zeit versprechen die zumeist völlig verantwortungslosen Politiker ein glückliches Geschick und werben damit für ihre Partei, besser gesagt für den Erhalt ihrer wohldotierten Position. Nie hört man, wie denn eigentlich dieses Glück beschaffen sein soll, sieht man von der so schrecklich primitiven Vorstellung einmal ab, wonach jegliches Glück mit viel Geld zu erreichen wäre. Es ist seltsam genug, daß so oft von Glück gesprochen wird, kaum jemand aber auf eine gezielte Frage, was denn eigentlich darunter zu verstehen wäre, eine ausreichend klare Antwort zu geben imstande ist.

Es ist nicht Allgemeingut im Verstehen der Menschen, daß es nur zwei Arten von Glück gibt. Nämlich erstens den unerwarteten Glücksfall, zumeist irgendeine plötzliche Verbesserung der Lebenssituation. Eine Erbschaft, ein Lotteriegewinn, eine Beförderung, ein Fund, eine plötzliche Lösung eines Problems, eine Beseitigung irgendeiner Hemmung oder Bedrückung, Geld und wiederum Geld, das sind jene Elemente, die ein Glücksgefühl aufkommen lassen, wo mit einem Mal, freilich zeitlich mitunter sehr begrenzt, die Welt in einem rosigen Licht erscheint und die Lebensfreude orgastisch anschwellen kann.

Dann aber ist Glück ein Zustand, ein bestimmtes Empfinden, abhängig von der ganzen Gefühlssituation eines Menschen. Man hat dieses Zustandsgefühl auch „Euphorie" genannt, abgeleitet von den griechischen Worten EU = wohl und FERO = ich trage. Ein euphorischer Mensch muß nicht reich, ja nicht einmal gesund sein. Seine Lebensfreude ist das Ergebnis einer bestimmten guten Mischung von Zustandsgefühlen, und nach diesem Zustand zu streben ist höchste Lebensweisheit.

Diese Zustandsgefühle, die zur echten Euphorie führen, sind vielfältig. An erster Stelle steht die Zufriedenheit, gefolgt von einer optimistischen Einstellung zu all den ständigen Veränderungen auf dem Lebensweg. Positive, also Euphorie spendende Zustandsgefühle sind weiters Zuversicht, Beglücktsein, Jubel, Beschaulichkeit, Leichtigkeit, Behagen, Vertrauen und vor allem auch Zuneigung. Arthur Schopenhauer hat in seiner so brillant geschriebenen Abhandlung die Menschen in zwei Gruppen eingeteilt. Auf der einen Seite steht der Eukolos, der euphorische Mensch mit seiner Lebensfreude und seiner positiven Einstellung, auf der anderen Seite ist der Dyskolos, der Pessimist mit der dauernd bohrenden Negativeinstellung zum Leben. Ein halbgefülltes Glas ist entweder halbvoll oder halbleer. Der Eukolos, der euphorische Mensch, wird sich freuen, daß er noch ein halbes Glas trinken kann, der Dyskolos aber wird bedauern, daß bereits die Hälfte getrunken ist.

Das Lebensglück eines Menschen hängt daher weitgehend davon ab, inwieweit es gelingen kann, jenes dauernde Zustandsgefühl zu erreichen, das die Lebensfreude erhält und ein euphorisches Dasein ermöglicht. Hier wiederum spielt es eine ganz große Rolle, ob der Mensch in der Lage ist, gemäß seiner sogenannten Bestimmung zu leben, seinen Lebensweg entsprechend seinen Anlagen und all den damit verbundenen Möglichkeiten zu suchen und zu gehen. Hier muß gesagt werden, daß jeder Mensch so etwas wie einen Lebensauftrag vom Schicksal erhält, der in der Regel mehr oder weniger verschlüsselt und daher nicht leicht zu erkennen ist. Goethe hat einmal gesagt, der gute Mensch in seinem dunklen Drange wäre sich des rechten Weges wohl bewußt. Besser noch als dunkler Drang aber ist doch die klare Erkenntnis, über welche Fähigkeiten und Möglichkeiten ein Mensch verfügt und wie diese auch zielführend eingesetzt werden können.

Wer einmal die Schwalben beobachtet hat, wie sie gegen Ende August sich zum Flug nach dem Süden sammeln und immer wieder in großen Schwärmen scheinbar ziellos im Kreis herumfliegen, wird vielleicht jenen Augenblick erlebt haben, wo plötzlich offenbar die richtige Richtung gefunden wurde. Der ganze Schwarm fliegt mit großer Geschwindigkeit südwärts und entschwindet dem Blickfeld. Heute weiß man, daß im Gehirn dieser Zugvögel Kontakte sind, die mit den magnetischen Feldern in Verbindung treten können und somit jene Richtung eingeschlagen werden kann, die wieder zu einem ganz genau festgelegten Ziel führt.

Die drei Schicksalsfügungen, die jedem Menschen zugemessen werden, enthalten den Auftrag, wie man sich das Leben einteilen, wie man den Lebensweg gehen soll. Allerdings ist es fast ausnahmslos erst nach der Pubertät möglich, ahnungsvoll jenen Lebensauftrag zu suchen, die eigene Bestimmung zu erkennen. Die so bange Frage, was man einmal werden soll, ist in der heutigen Zeit einer immer umfassenderen Arbeitslosigkeit zu einer furchtbaren Bedrängnis der ganzen Menschheit geworden. Was man früher einmal die „Berufung“ genannt hat, spielt in der Gegenwart mit ihrem so brutalen Existenzkampf nicht mehr jene Rolle wie einst.

Von vornherein muß jeder Mensch in der heutigen Zeit wissen, daß jede Menschengeneration sozusagen eingekeilt war in ein bestimmtes Verhältnis zwischen Notwendigkeiten und Möglichkeiten. Als in früheren Jahrhunderten die ganze Lebenszeit mit dem ständigen Kampf um das tägliche Brot ausgefüllt war, gab es nur wenig Möglichkeiten zur Erfüllung zusätzlicher Wünsche. Wenn ununterbrochen Notwendigkeiten zwingen, bleibt weder Raum noch Zeit für Extrawünsche. Heutzutage ist die Zahl der Notwendigkeiten gering, die Möglichkeit zur freien Lebensgestaltung ist ungeheuer groß. Es wird aber zu beweisen sein, daß deswegen das Lebensglück auf dieser Erde nicht größer geworden ist. Denn um all die Möglichkeiten auch ergreifen zu können, muß der Mensch ein viel größeres Wissen und Können erwerben. Und das ist gerade jetzt nur ganz selten der Fall. Vielleicht kann man sogar sagen, daß inmitten der Vielfalt, die das moderne Leben bietet, die Herausforderung zu eigenem Handeln immer geringer wird und der Hang zur Bequemlichkeit alles bestimmt. Die Not wenden, das ist die Notwendigkeit. Und fehlen die Notwendigkeiten, warum soll man sich dann anstrengen?

Nach Glück streben ist aber eine Art Lebensprogramm, setzt Aktivitäten voraus, die unter Umständen sogar sehr mühevoll sind. Der Charakter eines Menschen ist bekanntlich das Ergebnis einer ständigen Auseinandersetzung mit der Umwelt, bei der die eigenen Anlagen zur Entwicklung gebracht werden sollen. Am eigenen Charakter muß man selbst arbeiten, gilt es doch, jene Eigenschaften zur Entfaltung zu bringen, die dann auf dem Lebensweg unbedingt erforderlich sind. Das wiederum ist aber nur dann wirklich von Erfolg gekrönt, wenn es im Einklang mit dem Lebensauftrag steht, der in den drei Schicksalsfügungen verborgen ist.

Das Verharren im Unglück

Orientalische Weisheit lehrt, daß der Mensch bei der Geburt den Auftrag erhält, den Teppich seines Lebens zu knüpfen. Lebenslang soll er an diesem Teppich arbeiten und ihn dann nach dem Ende seines Lebens dem Schöpfer vorlegen. Auf die so schicksalsschwere Frage „Was hast Du mit dem Leben gemacht, das ich Dir geschenkt habe", gibt dann der Teppich Antwort. Und danach erfolgt dann die Bewertung des Lebens.

Ach, wäre das so einfach!

Wer das Leben in seiner Buntheit kennt, der weiß, wie leer das Leben so vieler Menschen ist, wie viele den richtigen Lebensweg nicht finden, auf der Landstraße des Lebens herumlungern, keine wie immer gearteten positiven Erfahrungen machen und vergebens nach einem Sinn des Lebens suchen. Sie haben niemals erkannt, woher sie kommen, welchen Auftrag ihnen die drei Schicksalsfügungen gegeben haben. Sie haben sich aber auch niemals bemüht, diese zu verstehen.

Es ist ein einfacher Satz, der aber so ziemlich höchste Lebensweisheit enthält. Demnach wird der Mensch durch seine Vergangenheit strukturiert und durch Ziele in der Zukunft motiviert. Das heißt unmißverständlich, daß die gesamte Einheit von Raum und Zeit, die der Mensch von Geburt an zurückgelegt hat, seine gegenwärtige Situation bestimmt. Hält man auf dem Lebensweg einmal inne, blickt man zurück, dann kann man eben erkennen, warum alles so und nicht anders gekommen ist.

Und gefestigt durch diese Erfahrungen, wird man dann zu versuchen haben, den Weg in die Zukunft zu finden, sich Ziele zu setzen. Der heilige Augustinus hat einmal gesagt, daß der Mensch verloren ist, wenn er eines Tages glaubt, genug gearbeitet oder geleistet zu haben. Das sind dann jene Menschen, die keinen Vorsatz für das Morgen haben, die in der Früh aufstehen und nicht wissen, was sie mit der noch geschenkten Lebenszeit anfangen sollen. Wenn sie also nicht bereit sind, am Teppich des Lebens weiter zu knüpfen.

Wenn Goethe einmal geschrieben hat, daß nur derjenige erlöst werden kann, der *immer* strebend sich bemüht, so hat er mit dieser Erkenntnis eben auch jene uralte Weisheit erfaßt. Der ganze Lebensweg eines Menschen ist nun einmal begrenzt mit der Geburt am Anfang und dem Tod am Ende. Die Zeitspanne aber, die man zugewiesen bekommen hat, muß man aktiv, eben strebend durchmessen. Wer die heutigen Lebensumstände kennt und sich sogar täglich überzeugen kann, welch grauenhaftes Schicksal so viele junge Menschen sich selbst dadurch bereiten, daß sie mit Rauschgiften diesen Verpflichtungen entfliehen und zu willenlosen Suchtkrüppeln werden.

Es ist kein Geheimnis und eigentlich zutiefst erschreckend, wenn man einmal auf der Straße stehenbleibt und die gegenüberliegende Häuserfront beobachtet. Läßt man der Phantasie freien Lauf, läßt man Vorstellungen, den Lebenserfahrungen entnommen, freien Raum, dann wird man mit Marcel Proust sagen können, daß in den Häusern eigentlich nur Unglückliche leben. Der französische Romancier hat in einem seiner Romane dies ausführlich begründet und damit höchste Lebenskenntnis bewiesen.

Da sind die erbärmlichen Narren in ihrem dauerndem Gejammer, daß ein böswilliges Schicksal sie dauernd bedrängt und sie niemals, nein wirklich niemals in ihrem Leben Glück gehabt haben. Da sind die Egoisten, die darunter lebenslang leiden, daß andere scheinbar mehr Geld, mehr Glück und mehr Lebensfreude haben. Und erst die vielen Einsamen, die jede Hoffnung aufgegeben haben, einmal der furchtbaren Pein des Alleinseins entfliehen zu können, die immer nur Enttäuschungen bei der Partnersuche erlebt haben und niemals an den richtigen Partner gelangten. Ehepaare leben hinter der Häuserfront, hinter den blankgeputzten oder trüben Fenstern, die sich schon seit Jahren nichts mehr zu sagen haben, in blindem Haß sich gegenüberstehen und in der Zwangshölle einer gesetzlichen Bindung dahinvegetieren. Und selbst jene, die sich lieben, die sich wie verzweifelt aneinanderklammern, tun dies ja nur um eine Bestätigung ihrer selbst.

Kranke leben hinter der Häuserfront in ihren Wohnungen, von Schmerzen und Ängsten geplagt, alte Menschen schleppen sich mühsam durch die Räume und wissen von einer Sekunde zur anderen nicht, warum sie hierher oder dahin gegangen sind. Familientragödien spielen sich ab, wegen einer Erbschaft, wegen Betrugs und Lieblosigkeit, wegen materieller Not ohne Ende.

Unglücklich aber sind die Menschen in erster Linie durch die so simple Tatsache, daß ihre ganze Charakterstruktur von negativen Zustandsgefühlen bestimmt wird. Dazu gehören Angst und Furcht, Verzagtheit und Hilflosigkeit, Heimweh, Sorgen, Zorn, Wut, Leere, Langeweile, Eifersucht und vor allem Neid und Unzufriedenheit. Sigmund Freud hat gegen Ende seines Lebens eine Bemerkung fallen lassen, die besonders unmißverständlich die Lebenssituation so vieler Menschen zum Ausdruck bringt.

Er sagte wörtlich:

„Ich habe nun in meinem Leben so viele Frauen behandelt, habe über ihre Probleme gesprochen und sie von ihren negativen Zustandsgefühlen zu befreien versucht. Eine Frage aber konnte ich niemals beantworten: Was will eigentlich eine Frau?“

Unzufriedenheit ist zu einem Hauptübel der gegenwärtigen zivilisierten Menschheit geworden. Der Gewinn an Freizeit und mehr oder weniger finanzieller Sicherheit hat Millionen Menschen in einen trägen Zustand versetzt, wo sie ganz einfach zu vergessen scheinen, daß sie am Teppich des Lebens zu knüpfen haben. Sie fordern und verlangen, ohne genau zu wissen, was. Sie verharren in der Mischung ihrer negativen Zustandsgefühle und kümmern sich nicht im mindesten um jenen Auftrag, den ihnen die drei Schicksalsfügungen gegeben haben.

Es ist geradezu rätselhaft, wie wenig es den Menschen gelingt, aus dem Zustand des „Unglücklichseins“ sich zu befreien, obwohl dies in so vielen Fällen durchaus möglich wäre.

Es wären oft nur kleine Korrekturen auf dem Lebensweg notwendig, um wieder Klarheit über die eigene Bestimmung zu finden und den Lebensweg strebend gehen zu können. Vielleicht müßte man den Rhythmus von Wachsein und Schlafen ändern, vor allem früher aufstehen. Vielleicht müßte man sich bemühen, diese oder jene Fertigkeit zu erlernen, um dann bestimmte Aufgaben erfüllen zu können. Vielleicht müßte man mehr Ordnung in das eigene Leben einbringen, mehr Zuverlässigkeit und mehr Verantwortungsgefühl. Auch kann eine Änderung im Verhalten zu den Mitmenschen, ein Lächeln oder ein paar anerkennende Worte, das Eis der Einsamkeit brechen und wieder neue Beziehungen herstellen. Einen gepflegten Eindruck zu machen kostet nichts. Das betrifft vor allem auch die Sprache, die ja dem Menschen letztlich seinen Wert zuteilt. Sie ist jenes Instrument, mit dem man auf dem Lebensweg erfolgreich sein wird, wenn man es richtig zu verwenden weiß.

Versucht aber ein Mensch, aus seinem Leben etwas zu machen, will er heraus aus dem Zustand unglücklichmachender Gefühle, dann muß er zunächst einmal nach rückwärts blicken und seinen bisherigen Lebensweg zu verstehen versuchen. Und da stößt man auf etwas schier Unglaubliches. Auf die Frage, wo jemand geboren wurde, hört man wohl den Namen eines Dorfes oder einer Stadt. Wird die Frage aber genauer gestellt, beispielsweise ob die Geburt daheim oder im Spital erfolgte, in welcher Gasse, in welchem Haus, dann können nur wenige Menschen diese Fragen beantworten. Die meisten Menschen wissen nicht, wo ihre Wiege stand!

Das ist wohl nur eine Nebensächlichkeit, zeigt aber mit aller Deutlichkeit, wie wenig die Menschen über ihre Herkunft nachdenken. Sie können aber die drei lebensentscheidenden Schicksalsfügungen nur verstehen, wenn sie sozusagen nach den Wurzeln ihres Lebens graben. Es war wiederum Goethe, der erkannt hat, daß nur derjenige Glück findet, der auch zu den Wurzeln seiner Herkunft zurückkehren kann.

Anerkennung und Unterwerfung

Zu jedem Zeitpunkt während des Lebens kann man innehalten und sich selbst die Frage stellen: „Strebe ich jetzt nach Glück, oder verharre ich im Unglück?“ Und gleichgültig, wie die Frage beantwortet werden muß, bei solch einem Blick auf sich selbst und das eigene Verhalten ist es immer auch angebracht, sich jener drei Schicksalsfügungen zu erinnern und sich hier auch zu fragen, inwieweit man diese erstens verstanden und zweitens auch zur Strukturierung, zur Gestaltung des Lebens verwendet hat.

Wenn alle Religionen mehr oder weniger die Unterwerfung dem Schicksal gegenüber verlangen und damit auch die Einsicht und das Walten eines Schöpfers, so kann zunächst einmal klar und deutlich gesagt werden, daß der Mensch sich tatsächlich einem Schicksal beugen muß, das er anzunehmen hat, das ihm zugemessen ist und das auch Anerkennung verlangt. So unklar auch immer in früheren Zeiten hier von Schicksalsmächten gesprochen und geschrieben wurde, so wenig übersichtlich alle damit verbundenen Zusammenhänge auch gewesen sind, so scheinbar einfach und leicht zu verstehen sind eben die drei Schicksalsfügungen, die dank den Erkenntnissen der modernen Naturwissenschaften sozusagen entlarvt wurden.

Es muß betont werden, daß die Kenntnis dieser Schicksalsfügungen erst jetzt, in der zweiten Hälfte dieses Jahrhunderts, gewonnen wurde und mit einiger Sicherheit anzunehmen ist, daß es noch sehr lange dauern wird, bis daraus jedermann Nutzen ziehen kann. So wie im vorigen Jahrhundert die Lehre Darwins nicht nur abgelehnt wurde, sondern sogar als Irrlehre galt und in vielen Staaten verboten wurde – sie durfte ganz einfach nicht gelehrt werden –, so werden sich viele Menschen sträuben, diese drei Schicksalsfügungen in ihrer Gesamtwirkung zu akzeptieren. Womit sie sich allerdings am meisten selbst schädigen, denn sie berauben sich ja damit der Möglichkeit, korrigierend einzugreifen.

Es genügt allerdings nicht, von diesen drei Schicksalsfügungen bloß Kenntnis zu haben. Man muß sie auch wirklich verstehen, man muß versuchen, hier alle nur erreichbaren Einzelheiten zu begreifen. Und dazu ist ein gewisses Studium erforderlich, das eigentlich während des ganzen Lebens nicht unterbrochen werden sollte. Denn je mehr man sich mit diesen drei Schicksalsfügungen beschäftigt, umso mehr wird man deren Auswirkungen erkennen können, aber auch immer mehr Möglichkeiten, daraus Vorteile zu gewinnen.

DIE ERSTE SCHICKSALSFÜGUNG ist der genbiologische Faktor, der unmißverständlich die Grundlage des ganzen Lebensplanes eines Menschen ist. Es ist ein für jeden Menschen gültiger Lehrsatz, wonach der Mensch keimplasmatisch determiniert ist. Wenn sich bei der Empfängnis, der sogenannten Konzeption, eine männliche Samenzelle mit einer weiblichen vereinigt, dann verschmelzen die Zellkerne in ganz typischer Weise. Jede Keimzelle besteht aus dreiundzwanzig Chromosomenpaaren, Kernstücke, auf denen die Gene gelagert sind. Dazu kommt dann noch das Geschlechtshormon.

Die Kerne spalten sich nun, und je eine Hälfte der Chromosomen von der einen und der anderen Zelle verbinden sich miteinander. Auf diese Weise besitzt dann die Zelle, aus der sich dann sofort das neue menschliche Leben entwickeln wird, sowohl vom Vater wie auch von der Mutter je einen Chromosomensatz.

In unendlich weit zurückliegenden Zeiträumen haben sich auf diese Weise immer wieder Chromosomen miteinander vermischt, haben die Gene – es wird darüber ausführlich zu berichten sein – Erfahrungen gespeichert, gespeicherte Funktionen weitergegeben, und somit besitzt vom Augenblick der Konzeption, der Empfängnis an der Mensch eine überaus reichhaltige Vielzahl von Anlagen, das Erbgut seiner Ahnen.

Das Erbgut kann man sich nicht aussuchen. Man bekommt es beim Beginn des eigenen Lebens, man ist damit zu einem Glied in einer unendlichen Kette von Vorfahren geworden. Und unter normalen Umständen wird dann das Leben, dieses Erbgut, auch weitergegeben, wieder mit einem anderen Erbgut vermischt. Und was auch immer in diesem Erbgut enthalten ist, die Rasse, das Geschlecht, die Haar- und Augenfarbe, der Knochenbau, die Anfälligkeit für Krankheiten, die Grundlage der geistigen Entwicklung, die Lebenskraft und die Vielzahl von ganz typischen Anlagen wie etwa künstlerische Begabungen oder bestimmte Handfertigkeiten, all das wird einem Menschen zugemessen und fordert restlose Anerkennung und Unterwerfung. Wer hier mit dem Schicksal hadert, der verharrt unter Umständen lebenslang im Unglück. Wenn der Knabe lieber ein Mädchen geworden wäre, der Weiße lieber ein Indianer, der Großgewachsene lieber klein und umgekehrt. Es ist tiefste Weisheit Goethes, als er die Forderung aufstellte: „Was von den Eltern Du ererbst, erwirb es, um es zu besitzen!"

Anders ausgedrückt: Nimm das Erbgut, wie Du es bekommen hast. Und mach das Beste daraus!

DIE ZWEITE SCHICKSALSFÜGUNG ist die kosmische Prägung bei der Geburt. Hier wird alles, was in den letzten Jahrzehnten an Erfahrungen und Erkenntnissen gewonnen wurde, mit Sicherheit nur in einem ganz beschränkten Umfang Anerkennung finden. Mehr noch, es ist zu befürchten, daß auch in den kommenden Jahren, allen Beweisen zum Trotz, die Bedeutung dieser Schicksalsfügung nicht verstanden, daher auch nicht anerkannt wird.

Wenn ein Kind den Mutterleib verläßt, vollziehen sich im kindlichen Organismus ganz bestimmte Veränderungen. Denn vom Geburtsaugenblick an beginnt der eigene Stoffwechsel, das heißt, es werden von diesem Moment an bis zum Tod der Umwelt Stoffe entnommen, diese zum Aufbau von Körpersubstanz und zur Energiegewinnung verwendet, und was nicht mehr benötigt wird, gelangt zur Ausscheidung. Dieser Stoffwechsel wird nun durch jene Rhythmen geprägt, die das ganze Leben auf der Erde im Einklang mit dem Kosmos bestimmen.

Diese Prägung kann sichtbar gemacht werden durch eine Himmelsskizze, indem man die Position des Geburtsortes in Beziehung setzt zum Lauf der Gestirne. Dies läßt sich mit Hilfe von Tabellen berechnen, und eine solche Skizze nennt man ein Horoskop, eine Stundenschau. Es ist eine der großartigsten geistigen Leistungen des Menschengeschlechtes gewesen, die hier waltenden Zusammenhänge schon in grauer Vorzeit erkannt zu haben.

„Wie an dem Tag, der dich der Welt verliehen,
die Sonne stand zum Gruße der Planeten,
bist alsobald und fort und fort gediehen,
nach dem Gesetz, wonach du angetreten.
SO MUSST DU SEIN, DIR KANNST DU NICHT
ENTFLIEHEN,
so sagten schon Sybillen und Propheten;
und keine Zeit und Macht zerstückelt
geprägte Form, die lebend sich entwickelt."

In diesen „Urworten orphisch" hat Goethe, der große Naturforscher, klar und deutlich zum Ausdruck gebracht, daß man eben dieser Bestimmung nicht entfliehen kann. Man wird mit einem bestimmten Horoskop geboren, in dem die verschiedenen kosmischen Kräfte verzeichnet sind, und wo man erkennen kann, wie der Aufbau des Charakters und damit letztlich auch des Schicksals einmal erfolgen kann. Auch hier läßt sich wieder behaupten, daß ein Hadern mit dem Schicksal nur Unglück bringt. Wer mit einer Fischesonne auf die Welt kam, vergällt sich das Leben, wenn er darüber jammert, daß ihn eine Löwensonne nicht wärmt. Und wer im Zeichen der Jungfrau mit dem vielleicht übergroßen Verantwortungsbewußtsein geboren wurde, darf sich nicht nach der Leichtigkeit eines Zwillingsgeborenen sehnen. Denn die Unzufriedenheit mit dem Schicksal bringt nur Verharren im Unglück.

DIE DRITTE SCHICKSALSFÜGUNG ist der Geburtsort und die damit verbundene Umwelt. Diese umfaßt das Elternhaus, die Verwandtschaft, die Zeitumstände, die materiellen Gegebenheiten, die ganze Zeitstruktur, etwa Krieg oder Frieden, Wohlstand oder Dürftigkeit und anderes mehr. Man wird in ein bestimmtes Milieu hineingeboren, und dieses kann man zumindest in den ersten Lebensjahren mit eigenem Willen und Können nicht gegen ein anderes tauschen. Es ist eben Schicksal, wo man aufwächst, in welchem Ausmaß die Eltern Liebe und Zuneigung schenken, in welchem Umfang aber vor allem auch Sicherheit gegeben ist. Dieses Milieu mit all seinen sozialen Bindungen bestimmt zu einem erheblichen Teil die Charakterbildung, allerdings ist die Bewertung des Einflusses weitgehend von politischen Strömungen abhängig.

Man war zum Beispiel durch lange Zeit der Meinung, es könnte durch Schaffung überaus günstiger Lebensumstände ein Mensch so geformt werden, wie er einem bestimmten ideologischen Idealbild entspräche. Der Kommunismus und mit ihm alle sozialistischen Parteien haben dem Sozialmilieu höchsten Rang eingeräumt und mitunter sogar die genetischen Faktoren gänzlich ignoriert. Etwa in der Weise, daß man der Meinung war, man könne aus jedem Menschen einen hochbegabten und kreativen Akademiker machen. Oder einen Zirkuskünstler.

Es war Eysenk, und was er klar und deutlich erkennen konnte, war die Bedeutung des Erbgutes in richtiger Beziehung zum Milieu. Demnach ist der Lebensweg eines Menschen im Durchschnitt zu etwa achtzig Prozent durch die genetische Schicksalsfügung bedingt, und der Umwelt mit ihren Einflüssen kommt nur ein Fünftel aller Auswirkungen zu. Daß hier individuelle Schwankungen von größter Breite möglich sind, ist unbestritten. Aber es ist nun einmal exakt wissenschaftlich erwiesen – durch systematische erbbiologische Forschungen –, daß die Umwelt wohl die genetischen Anlagen zur Entfaltung bringen kann, diese Anlagen aber vorhanden sein müssen. Sind sie nicht da, dann kann aus dem Nichts keine Charaktereigenschaft entstehen.

Wer sich beklagt, daß er die unrichtigen Eltern hatte, am falschen Ort zur Welt kam und in einer feindseligen Umwelt, der verharrt lebenslang im Unglück.

Die Verbesserung

Fast alle Menschen leben mit einem kleinstmöglichen Teil ihres gesamten Wesens. Das heißt, was auch immer an Fähigkeiten in ihnen vorhanden ist, verharrt sozusagen in einer Ruhestellung und wird nicht benützt. Denn es ist die Gewohnheit, die gleichsam automatisch alles erledigt und daher die Fähigkeiten gar nicht erst wachrütteln muß. Nur dann, wenn es irgendwelche Krisensituationen gibt, ertönt so etwas wie ein Alarmruf, und dann kann durch Anspannung aller Kräfte unter Umständen eine Höchstleistung erzielt werden. Und dieses dumpfe Dahinleben in eingefahrenen Gewohnheiten wird von den meisten Menschen als höchst angenehm empfunden, egal nun, ob man nach Glück strebt oder im Unglück verharrt. Die meisten Menschen schrecken auf, wenn sie aus ihren Gewohnheiten aufgescheucht werden. Und es mag für die geistige Trägheit so vieler sprechen, wenn jemand die Gewohnheiten mit Ordnung verwechselt. Und mit zunehmendem Alter „seine Ordnung“ haben will, sprich gedankenlos sich von den Gewohnheiten leiten lassen.

Hier muß man auch staunen über die scheinbare Ohnmacht des menschlichen Geistes, eine Sinnesänderung zu bewirken: Wenn jemand zum Beispiel dauernd im Unglück verharrt, und es wäre möglich, mit einer einzigen Änderung des Tagesablaufes eine bestimmte Schwierigkeit zu beseitigen, wodurch unter Umständen sogar das ganze Leben eine andere Bewertung erführe, und der Betreffende absolut gerade zu dieser Handlung sich nicht aufraffen kann oder will. Der Geist des Menschen, die Gesamtheit seiner intellektuellen Fähigkeit, läßt sich außerordentlich leicht in eine Art Agonie versetzen, und es ist vor allem das Fernsehen, das hier besonders verhängnisvoll wirken kann. Schon jetzt gibt es sehr umfangreiche Studien, wonach stundenlanges Fernsehen pro Tag zu echter Dummheit führen muß.

Wer sich die Mühe nimmt, einmal über die drei Schicksalsfügungen überhaupt nachzudenken, wird unweigerlich mit der Frage konfrontiert, ob alles angenommen werden muß ohne Möglichkeiten, hier etwas zu korrigieren. Und es ist die Aufgabe dieses Buches, eben aufzuzeigen, daß jeder Mensch diese drei Schicksalsfügungen nun einmal voll und ganz anzunehmen hat, sie aber ausreichend Raum und Zeit gewähren, wesentlichen Nutzen daraus zu ziehen. Wie auch immer der genbiologische Faktor beschaffen sein mag, man kann den Körper und seine Funktionen ja trainieren, sich vor allem an die Formel halten, die seit eh und je schon die Ärzte parat hielten. Wonach man nämlich alles tun muß, was der Gesundheit nützt, und alles meiden sollte, was ihr schaden kann.

Was den kosmobiologischen Faktor betrifft, so hat schon Goethe in seinen Urworten den richtigen Weg gewiesen. Man wird mit bestimmten Konstellationen geboren, die teils recht vorteilhaft sein können, teils aber Spannungen und sogar Hemmungen anzeigen. Doch wie könnte sich jemand hier eine Verbesserung erwarten, wenn er diese überhaupt nicht kennt? Wenn er sich nur von seinen Gewohnheiten treiben läßt und von Zeit zu Zeit einmal feststellen muß, daß ihm wieder einmal der Wind ins Gesicht bläst? Ist es nicht ein immenser Vorteil, wenn man erstens diese Konstellationen kennt und zweitens weiß, daß sich dieses Geburtsbild, dieses Horoskop, der kosmische Spiegel bei der Geburt ja nicht starr verhält. Daß sich dieses Bild laufend entwickelt, daß die Wurzeln ein Wachstum ermöglichen. Das Horoskop wird im allgemeinen auch „Radix“, also Wurzel genannt, und jeder, der Wurzeln hat, kann bekanntlich auch wachsen. Dieses Geburtshoroskop gibt also die Möglichkeit, das eigene Wachstum zu verstehen und auch entsprechend zu handeln. Shakespeare hat dies im fünften Akt seiner Tragödie „Julius Cäsar“ unmißverständlich zum Ausdruck gebracht:

„Der Strom der menschlichen Geschäfte wechselt,
nimmt man die Flut wahr, führt sie uns zum Glück!
Versäumt man sie, so muß die ganze Reise
des Lebens sich durch Not und Klippen winden!“

Die Kenntnis, wann die Flut das Lebensschiff vorantreibt, kann man aber nur gewinnen, wenn man sich eben mit der eigenen Wurzel, also dem Aufbau des eigenen Geburtshoroskopes beschäftigt. Hier gibt es viele nützliche Hinweise, die später abgewandelt werden sollen.

Letztlich aber ist der soziobiologische Faktor, also das Wirken der Umwelt, besonders leicht zu korrigieren. Es ist in der heutigen Zeit wahrlich nicht mehr so wie früher, wo der Mensch in der unentrinnbaren Zwangslage drückender Notwendigkeiten keine Möglichkeit lebenslang erkennen konnte, seinem Schicksal eine Wendung zu geben. Die Unzahl von Bildungsmöglichkeiten in der heutigen Zeit mit ihrem großen Freizeitraum, die Möglichkeiten der Ortsveränderungen selbst in allergrößtem Umfang lassen es doch geradezu einfach zu, hier Verbesserungen anzustreben. Aber hier gibt es eben auch eiserne Regeln, die man beachten muß. Und wohl die wichtigste ist immer noch die Tatsache, daß man selbst etwas tun muß und daß man nicht warten kann und darf, bis einem wie in einem Schlaraffenland die gebratenen Tauben in den Mund fliegen.

Man wird aus dem Trott der Gewohnheiten aufgescheucht, wenn man erstens einmal erkannt hat, daß es drei Schicksalsfügungen gibt – die meisten Menschen haben sie niemals namentlich erfaßt – und zweitens die Möglichkeiten bestehen, sich ihrer nutzbringend und vorteilhaft zu bedienen. Hier wiederum ist jedes Streben umso erfolgreicher, je genauer man die hier gegebenen Zusammenhänge versteht. Es genügt nicht, einfach nur zu wissen, daß Gene das Schicksal bestimmen. Es genügt nicht, zu wissen, daß im Horoskop die Grundzüge einer Charakterentwicklung angezeigt sind. Und es genügt auch nicht zu wissen, daß die Umwelt am Aufbau des Charakters beteiligt ist. Man muß hier alle in Frage kommenden Einzelheiten zu verstehen suchen, man muß sich mit all dem, was die Wissenschaften in den letzten Jahrzehnten ans Tageslicht gebracht haben, in die eigene Weltanschauung, in das eigene Weltbild einbauen.

Dann ist der Weg frei für ein Streben nach Glück!

Der genbiologische Faktor

„Eritis sicut DEUS,
scientes bonum et malum!“
1. Moses 3/5

Es war einmal

Die Explosion der Wissenschaften und die Macht der Massenmedien haben die Erde klein gemacht. In einem Ausmaß, wie es noch vor hundert Jahren überhaupt nicht vorstellbar gewesen wäre, sind auf allen Gebieten des Lebens ungeheuer große Kenntnisse gewonnen worden. Sie reichen von den allerwinzigsten Bausteinen dieser Welt über die Mikrochemie hinaus bis zu den Grenzen des Weltalls mit den so rätselhaften Lichtquellen der Quasare. Und es sind die Zeitungen, die Illustrierten und vor allem das Fernsehen, die immer wieder die eine oder andere Sensation erwähnen. Freilich gehen solche Berichte fast immer in den täglichen Meldungen über das Tagesgeschehen unter. Darüber hinaus ist es fast immer unmöglich gewesen, die wahre Bedeutung so mancher Erkenntnisse gleich zu verstehen. Erst später ließen sich dann die Folgen einer zunächst scheinbar unbedeutenden Beobachtung erkennen.

So war es auch im Jahre 1943, als drei amerikanische Forscher bei ihren Experimenten mit bestimmten Bakterien, den Pneumokokken, die chemische Grundlage der Vererbung entdeckten. Sie fanden eine ganz und gar merkwürdige Substanz, nämlich die Desoxyribonukleinsäure, und damit konnte man zunächst nicht sehr viel anfangen. Sie konnten nur beweisen, daß der eine Bakterienstamm Kapseln bildete, der andere jedoch nicht, und daß man durch Weitergabe dieser Substanz die jeweiligen Veränderungen hervorrufen konnte.

Damals hatten die Kämpfe während des Zweiten Weltkrieges ihren Höhepunkt erreicht, riesige Zerstörungen forderte der Luftkrieg, in gigantischen Schlachten starben Hunderttausende. Wen hätte damals die Desoxyribonukleinsäure interessieren sollen?

Es dauerte fast zehn Jahre, bis man die Bedeutung dieser Entdeckung erkennen und daraus auch weitere Zusammenhänge erfassen konnte. Fassungsloses Staunen rief das Modell eines Moleküls der Desoxyribonukleinsäure hervor, das die beiden Forscher Crick und Watson präsentierten. Demnach besteht die ganze Sprache der Vererbung nur aus vier Buchstaben, die allerdings in riesigen Folgen aneinandergereiht sind. Ein solches Molekül besteht aus einem Zucker, nämlich der Ribose, einem Teil Phosphorsäure und einer organischen Base. Es gibt vier solcher Basen, nämlich Cytosin, Guanin, Adenin und Thymin. Ein solches Molekül wird auch Mononukleotid genannt, und jedes Lebewesen auf der Erde, egal ob Pflanze, Tier oder Mensch, trägt in sich die gleiche Sprache der Vererbung. Es kommt beim Vorgang der Vererbung auf die Zahl und Zusammensetzung solcher Mononukleotide an, einfach gebaute Tiere oder Pflanzen haben in ihrer Erbsubstanz wenig solcher Buchstaben, der Mensch und hochentwickelte Tiere hingegen unzählige.

Die Tatsache nun, daß die gesamte lebende Natur sich nur aus dieser Grundsubstanz mit jeweils vier Variationen aufbaut, hat zu der schier unglaublichen Folgerung geführt, daß auf dieser Erde das Leben nur einmal innerhalb eines bestimmten Zeitabschnittes entstanden ist und jegliches Leben sich aus diesem einmaligen Vorgang entwickelt hat.

Wie sich das nun vor zweieinhalb oder drei Milliarden Jahren abgespielt hat, kann man sich ungefähr erklären. Man ist also dem Geheimnis der Schöpfung erstaunlich nahegekommen, und der so simple Schöpfungsbericht in der Bibel deckt sich mit dem, was die moderne Wissenschaft hier anzugeben vermag.

Demnach war die Erde nach dem Abkühlen aus feuerflüssigem Zustand von einer Art Ursuppe bedeckt, das Urmeer enthielt Mineralstoffe in Hülle und Fülle, und darüber hatte sich eine Atmosphäre aus verschiedenen Gasen gebildet, hauptsächlich Methan, Ammoniak, Wasserdampf und Blausäure. Die organischen Grundstoffe, aus denen sich die ganze lebende Natur aufbaut, sind bekanntlich Wasserstoff, Sauerstoff, Stickstoff und Kohlenstoff. In der Atmosphäre der Urzeit fehlte noch der Sauerstoff als freies Gas, hingegen konnten sich die anderen drei Elemente sehr einfach miteinander verbinden. Die wichtigste Ursubstanz war die bereits zitierte Blausäure mit der chemischen Formel HCN (H für Wasserstoff, C für Kohlenstoff, N für Stickstoff).

Da es keinen Sauerstoff als freies Gas gab, konnte sich auch kein Ozon, also eine Art Spezialbindung von Sauerstoffatomen, bilden. Die außerordentlich energiereiche ultraviolette Strahlung der Sonne durchdrang daher ungehindert die Atmosphäre, durch die auch immer wieder als Folge riesiger elektrischer Potentialspannungen die Blitze zuckten. Und so ketteten sich einmal fünf Blausäureteilchen aneinander, und das neue Produkt war Adenin, jene Base, die der wichtigste Bestandteil der Erbfaktoren ist.

Ebenso konnte sich aus einer anderen denkbarst einfachen organischen Verbindung, nämlich aus Formaldehyd, durch Zusammenschluß die Ribose, der fünfwertige Zucker bilden. Und je mehr diese beiden Urstoffe sich im Urmeer anreicherten, umso mehr ergab sich die Möglichkeit, erstens aus dieser Salzlösung andere Stoffe anzulagern und zweitens sich überhaupt miteinander zu verbinden. Irgendwann muß es dann einmal geschehen sein, das erste Biomolekül entstand, eben die Desoxyribonukleinsäure, abgekürzt DNS. Doch ist es bis zum heutigen Tag nicht gelungen, trotz genauer Kenntnis all der hier beteiligten Stoffe, auf künstlichem Weg das zum Entstehen zu bringen, was wir „Leben" nennen. Alle Experimente bringen zwar bestimmte imponierende Resultate, doch die solcherart gewonnenen Substanzen leben nicht. Das Leben ist eben einmal nur auf dieser Erde entstanden, das unbegreifliche Geheimnis der Schöpfung hat man bis heute nicht lüften können.

Mit der Entdeckung der chemischen Grundlagen der Vererbung konnte man schließlich die Bedeutung der sogenannten Gene erkennen. Gene sind Ketten dieser Ribonukleinsäure mit ihren verschiedenen Basen, und ein einziges Gen kann viele Hunderttausend solcher Basen enthalten. Man nimmt an, daß der Mensch zwischen fünfzig und hunderttausend solcher Gene besitzt, und fünfzig Jahre nach der Entdeckung der chemischen Grundsubstanz hielt bei den Alpacher Technologiegesprächen der Nobelpreisträger Renato Dulbecco, ein gebürtiger Italiener, einen Vortrag. Er sprach über das wohl ehrgeizigste Projekt, für das er selbst die Anregungen gegeben hatte und das man in wenigen Jahren erfolgreich abzuschließen hofft. Es läuft unter dem Namen HUGO (human genetic organisation) und soll jedes einzelne Gen genau identifizieren. Das heißt, man will von jedem Gen die ganz genaue Reihenfolge seiner Basen, also seiner vier Buchstaben, erfassen.

Was damit zu erreichen ist, kann keineswegs nur Zustimmung bringen. Man weiß heute, daß immer vier solcher Buchstaben ein Kettenglied bilden, und wenn in einem Gen auch nur ein solches Glied falsch zusammengesetzt ist, so kann dies die Ursache einer krankmachenden Anlage oder auch einer Erbkrankheit sein. Die Gene befinden sich auf Eiweißstücken, sogenannten Chromosomen, und man kann nur durch diese Genforschung feststellen, auf welchem Chromosom ein zum Beispiel für die Veranlagung zu einem bestimmten Krebs verantwortliches Gen gelagert ist. Was bei der ganzen Untersuchung, für die Unsummen ausgegeben werden, letztlich herauskommt, wird eine Genkarte sein. Von jedem Menschen wird man dann von vornherein sagen können, wie es um seine Lebenskraft bestellt ist, von welchen Krankheiten er bedroht wird, wie lange er leistungsfähig bleibt und anderes mehr. Versicherungsgesellschaften werden danach ihre Prämien bestimmen, der Mensch der Zukunft wird vielleicht auf diese Weise abgestempelt sein.

Der Nutzen der Genforschung wird aber möglicherweise durch die Möglichkeit gegeben sein, kranke Gene auszutauschen. Zum Teil kann man schon heute mit Genen vielfältig manipulieren, und besonders im Bereich der medizinischen Forschung hat die moderne Gentechnik sehr viel Nützliches hervorgebracht. Man baut zum Beispiel jenes Gen, das Insulin produzieren kann, in Bakterien ein, und diese liefern dann jede Menge „Humaninsulin".

Zwischen der ersten Entdeckung der Desoxyribonukleinsäure durch Avery, Mc Leod und Mc Carty und dem Vortrag Professor Dulbeccos sind nur fünfzig Jahre vergangen. Als Aldous Huxley seinen Roman „Schöne heile Welt" schrieb, anfangs der Dreißigerjahre, verlegte er den genetisch gezüchteten Menschen in eine Zeit sechshundert Jahre nach dem Tod von Henry Ford (1947). Die moderne Gentechnik aber läßt den Schluß zu, daß bereits zum Beginn des neuen Jahrtausends dafür die Grundlagen vorhanden sein werden. Zumal es ja niemanden gibt, der dieser Forschung irgendwelche Zügel anlegen könnte. Überfordert sind die Juristen genau so wie alle Politiker, niemand kann es wagen, hier bremsend einzugreifen.

Die Wissenschaften explodieren. Begonnen hat dieses Tempo der wissenschaftlichen Entwicklungen während des Zweiten Weltkrieges, als innerhalb weniger Jahre die Freisetzung der Atomenergie gelang, das Penicillin entdeckt wurde und damit die Bevölkerungsexplosion auslöste, der erste Computer gebaut wurde, die Grundlagen für die Raketentechnik und die Düsenflugzeuge entwickelt wurden und letztlich auch die Grundsubstanz der Vererbung entdeckt wurde. Seither taumelt die Menschheit einer ungewissen Zukunft entgegen, in schier unheimlichem Tempo ändern sich die Lebensgewohnheiten und auch die Einstellung jedes einzelnen zum Leben. Das Leben, das einst im Urmeer entstand durch Verkettung simpler organischer Substanzen, ist in der Gegenwart durch eine Vielfalt von Gefahren bedroht. Als symbolisch die ersten Menschen vom Baum der Erkenntnis den Apfel pflückten, versprach ihnen die Schlange, sie würden wie Gott sein, indem sie alles wüßten, das Gute und das Böse. Und der Mensch hat diese Erkenntnisse genützt, doch eben nicht nur für das Gute, sondern auch für das Böse, für die Zerstörung, für die Vernichtung.

Das Geheimnis des Lebens.

Man frage einmal die Menschen des persönlichen Umraumes, was sie davon wissen, welche Gedanken sie sich jemals gemacht haben bezüglich der eigenen genetischen Grundlagen, den Prinzipien der Vererbung und der so gewichtigen Verpflichtung, die Gene nicht zu schädigen und das Leben mit gesunden Genen weiterzugeben. Man wird fast immer nur auf Unkenntnis und Unverständnis, leider aber auch auf unbegreifliche Verantwortungslosigkeit stoßen.

Der Bauplan des Lebens

Wenn sich eine männliche Samenzelle und eine weibliche Eizelle miteinander verbinden, die Chromosomen verschmelzen, beginnt ein neues menschliches Leben. In dieser Urzelle ist der gesamte Bauplan des Lebens enthalten, mit der Empfängnis, in der Fachsprache Konzeption genannt, ist schicksalsmäßig der Lebensweg im voraus geplant. Es sind die Gene, die hier für alle Eventualitäten die jeweiligen Reaktionen bereithalten. Und was in diesem Erbgut verankert ist, reicht – so unglaublich es auch immer klingen mag – bis zur Entstehung des Lebens im Urmeer zurück.

Man stelle sich diesen Zeitraum einmal vor, all die Millionen Jahre, in denen sich aus niedrigsten Formationen schließlich der Stamm der Menschheit emporentwickelt hat. Immer waren es die Gene, die auf Umweltreize reagierten oder durch außergewöhnliche Einflüsse Änderungen erfuhren. Immer mehr genetische Faktoren kamen zu den anfänglich so primitiven Fäden der Desoxyribonukleinsäure dazu. Auf Grund vieler Funde und Überlegungen kann man heutzutage annehmen, daß sich der Stamm der Menschheit schon vor einigen Millionen Jahren aus dem Stamm der Säugetiere abgezweigt hat, den aufrecht gehenden Menschen gab es wahrscheinlich bereits vor einer Million Jahren.

Was auch immer an Fähigkeiten in diesen Zeiträumen erworben wurde, welche Reaktionen zu ertragen waren, wie sich die Menschen einst gegen die Einflüsse der Natur zu schützen vermochten, wie sie zum Beispiel in hiesigen Breiten die grauenhaft lange dauernden Eiszeiten überleben konnten, all das hat die Vererbungsstränge gekerbt und ist im Erfahrungsgut der Gene enthalten.

Und wie groß ist nun diese Urzelle des Menschen, die den ganzen Bauplan enthält mit der Fähigkeit, auf Außenreize zu reagieren und mit einer sogenannten inneren Uhr die ganzen Lebensprozesse zu steuern?

Sie ist zwei Zehntel Millimeter groß, einem etwas größerem Staubkorn vergleichbar und mit guten Augen sichtbar. Und in diesem winzigen Kügelchen sind also dreiundzwanzig Chromosomen und ein Geschlechtschromosom enthalten, auf denen wahrscheinlich bis zu einhunderttausend Gene gelagert sind. Jedes einzelne Gen wiederum enthält lange Ketten von Basenquartetten, immer vier Basen bilden eine Einheit. Man kann nachweisen, daß in einem einzigen Gen bis zu einer Million solcher Basen enthalten sind.

Kann man sich das überhaupt vorstellen?

Nein!

Und doch, mit diesem genetischen „Material“ arbeiten heute die Gentechniker, sie isolieren einzelne Gene und haben sogar eigene Dechiffrierungsmaschinen geschaffen. Derzeit kann man etwa tausend solcher Basen in einem Tag identifizieren, viel zu wenig, um den ganzen menschlichen Code zu entschlüsseln innerhalb des nächsten Jahrzehntes. Man hofft daher, neue Möglichkeiten zu finden, um noch rascher die Genkarte des Menschen erstellen zu können.

Hat dies bislang bereits Vorteile gebracht?

Man kann genetische Schäden bestimmter Art bereits erkennen, wenn sich das neue Leben im Mutterleib zu entwickeln beginnt. Eine ganz entsetzliche Erbkrankheit ist bekanntlich der Mongolismus, eine sogenannte Trisomie. Wenn in der Gegenwart eine Frau im vierten Lebensjahrzehnt schwanger wird, ist das Risiko, ein erbgeschädigtes Kind zu bekommen, relativ groß. Durch Einstich in die Fruchtblase und Entnahme des Fruchtwassers kann man feststellen, ob das Kind geschädigt ist oder nicht. Womit freilich der Mutter dann eine ungeheure seelische Belastung aufgebürdet wird, wenn die Diagnose positiv ist. Abtreibung oder das erbgeschädigte Kind austragen? Welch ein seelischer Konflikt!

Erbkrankheiten gibt es leider viele. Doch nur einige von ihnen kommen relativ häufig vor, besonders dort, wo in einem abgeschlossenen Raum immer wieder Kinder von Personen gezeugt werden, die miteinander verwandt sind. Der erbliche Veitstanz gehört zum Beispiel hierher, ebenso der erbliche Schwachsinn, um besonders schlimme Schädigungen des Erbgutes zu erwähnen. Und um nun hier Lebenskatastrophen zu vermeiden, ist oder wäre „Eugenik“ notwendig. Also das Befragen der Familienangehörigen, das Auflisten von Krankheiten in Familienverbänden, das Untersuchen und Testen, um eventuelle Erbschäden festzustellen. Und um eben daraus dann die notwendigen Konsequenzen zu ziehen, um einen erbgeschädigten Nachwuchs zu vermeiden.

Die Eugenik ist nun leider durch die Nationalsozialisten mit ihren rigorosen Maßnahmen in Verruf gekommen, ja sogar mit der Etikette eines Verbrechens behaftet worden. Wie auch immer dies zu beurteilen ist, man muß es zutiefst bedauern, daß in der heutigen Zeit, wo so grandiose Kenntnisse über die Vererbung vorliegen, auf Grund seinerzeitiger Vorkommnisse Wichtiges versäumt wird. Man kann in den westlichen Demokratien jede Menge Kinder in die Welt setzen, ohne sich um Erbfaktoren zu kümmern. Es können Süchtige ohneweiters

Kinder austragen, obwohl es von vornherein feststeht, daß die Kinder erbgeschädigt sein werden. Man muß nur einmal die geistig so schwer geschädigten Kinder von Trinkern und vor allem Trinkerinnen gesehen haben, um das von Anfang an programmierte Leiden, das lebenslange Verharren im Unglück zu verstehen. Und ob Rassenmischungen wirklich so nützlich sind, wie dies von heute sich fortschrittlich Gebärdenden postuliert wird, bleibe anheimgestellt. Wenn eine weiße Frau mit einem Neger ein Kind zeugt, dann hat doch dieses Kind lebenslang Schwierigkeiten, sich zu orientieren. Gehört es dann zu der schwarzen oder zur weißen Rasse?

Den Lebensplan eines Menschen legen die Gene fest, die bei der Konzeption von der väterlichen und mütterlichen Seite miteinander vermischt werden. Wenn einmal die Genkarten der Menschen vorliegen werden, nach Abschluß des HUGO-Programmes, wird man wahrscheinlich mit einer gewissen Selbstverständlichkeit eugenische Maßnahmen empfehlen und die Schatten der Vergangenheit nicht mehr beachten.

Die Formel des Lebens

Auf Grund der in die weite Vergangenheit zurückreichenden Entwicklungsabläufe hat jedes Lebewesen in seinem Erbgut unzählige Strategien gespeichert, um in den umgebenden Lebensverhältnissen zurecht zu kommen. Wäre dies nicht der Fall, dann könnte keine Art überleben, denn immer wieder verändert sich die Umwelt und erfordert eine neue Anpassung. Bei den Genen kann dies unter anderem durch den sogenannten „Flip-Flop-Mechanismus" geschehen. Auf Grund eines Umweltreizes springt gleichsam aus der Kette des DNS- Stranges ein Genanteil mit einer bestimmten Buchstabenfolge heraus und dreht sich um. Und schon ist ein neuer Anpassungsmechanismus entstanden.

Es besteht also eine Wechselwirkung zwischen den Herausforderungen der Umwelt und der Reaktionsfähigkeit des Erbgutes. Und jegliches Leben ist nur dann gesichert und kann weitergegeben werden, wenn diese Fähigkeiten der Anpassung nicht versanden oder verschwinden.

Die Religion dieser Welt heißt also Anpassung. Der Menschenstamm hat sich offenbar anpassen können an die großen klimatischen Veränderungen auf der Erde, sonst würde es ihn ja heute nicht mehr geben. Daß die moderne Zivilisation mit dem Überangebot an Bequemlichkeiten die Anpassungsfähigkeit der Menschen weitgehend herabsetzt und sogar aufhebt, wird früher oder später immer mehr die Biologen und Ärzte beschäftigen müssen.

Es ist nun eine ganz einfache Formel, die das Wechselspiel zwischen Erbgut und Umwelt auszudrücken vermag. Sie zeigt unmißverständlich, wie jedes Lebewesen konstruiert ist, um den Lebenskampf führen zu können. Entscheidend ist hier immer der sogenannte Phänotypus, das Erscheinungsbild eines Lebewesens in dem Augenblick, wo es eben in der Umwelt existiert. Und für den Menschen sieht diese „Formel des Lebens" so aus:

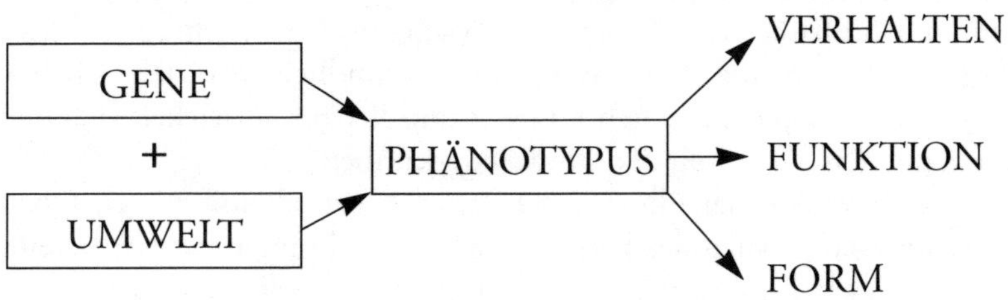

Die Umwelt, die auf die Gene einwirkt, ist vielgestaltig. Es spielt zunächst der Gesundheitszustand der Mutter während der Schwangerschaft, ihre Ernährung und ihr ganzer körperlicher Zustand eine Rolle. Hier muß zum Beispiel immer wieder die traurige Feststellung gemacht werden, daß werdende Mütter durch Nikotin und sogar Drogen das keimende Leben extrem schädigen, so daß dann unter Umständen lebenslang schwerste Behinderungen des Kindes zu erwarten sind. Es spricht nicht für eine Verantwortlichkeit der menschlichen Gesellschaft mit ihren angeblich so großartigen Errungenschaften, daß dergleichen toleriert und nicht verhindert wird. Denn letztlich ist die solcherart bewirkte Genschädigung ja schwerste Körperverletzung.

Die Familienverhältnisse spielen dann die weitere Rolle, die Geschwister und Verwandtenbeziehungen, die Bildungsmöglichkeiten, die Bezugspersonen bis zur Pubertät, die allgemeinen sozialen Verhältnisse, die Lehrpersonen, die Freunde, die Lebenspartner, die Berufsausbildung, die Einstellung zur Arbeit, die Arbeitswelt, die Ehe, die politischen Verhältnisse, die Weltanschauung, die Tätigkeiten in der Gemeinschaft und nicht zuletzt die Ziele, die man sich auf dem Lebensweg immer wieder setzt. All das bestimmt mit den Phänotypus des Menschen, und nicht zuletzt sei hier jener kosmische Einfluß bei der Geburt erwähnt, der – wie dies heutzutage wissenschaftlich nachgewiesen werden kann – auch das ganze Erscheinungsbild des Menschen prägt.

Während des ganzen Lebens wirkt also die Umwelt in einer ganz bestimmten Weise auf das Erbgut ein, und somit ergibt sich die ja allgemein bekannte Tatsache, daß sich der Mensch im Laufe des Lebens immer wieder ändert, sein Phänotypus immer wieder einem Wandel unterliegt. Dieser kann unter Umständen sogar sehr dramatisch sein, etwa während einer schweren Krankheit. Sie kann den Phänotypus so verändern, daß man einen Menschen nicht wiedererkennt!

Der Phänotypus läßt also zunächst einmal die Form, wie sich der Mensch eben äußerlich seiner Umwelt gegenüber zeigt, erkennen, weiters bestimmt der Phänotypus alle Körperfunktionen, somit den gesamten Stoffwechsel, ebenso den Wach- und Schlafrhythmus, die Eßgewohnheiten und den Zustand der Gesundheit. Aus dem lebenslangen Wechselspiel zwischen Umwelt und Erbgut entwickelt sich der Charakter, das Verhalten der Umwelt gegenüber.

In welchem Ausmaß diese Wechselwirkungen allerdings den Charakter und damit auch das Lebensschicksal bestimmen, hat wie bereits erwähnt Eysenck mit seinen Forschungen klargestellt, doch hängt sowohl die Anerkennung seiner Ergebnisse wie auch deren Konsequenzen von den politischen Verhältnissen in einem Staat ab. Hier wird man vor allem auf das mißglückte Experiment mit dem Sozialismus in der Sowjetunion hinweisen müssen, wo durch einen schier unmenschlichen Zwang die Menschen zu einem einseitigen Verhalten gezwungen und damit um ihr Lebensglück betrogen wurden. Die Umwelt war durch die Ideologie erschreckend starr und hat eigentlich nichts anderes gebracht als ein lebenslanges Verharren im Unglück. Denn es ist nun einmal eine Binsenweisheit, daß jedes Streben nach Gleichheit immer nur mit Aufgabe der Freiheit verknüpft ist. Anders ausgedrückt: Sind die Menschen frei, können sie sich ihre Erfahrungen aus der Umwelt nach eigenem Streben holen, dann entsteht selbstverständlich Ungleichheit, denn das Streben der Menschen wird höchst vielgestaltig sein. Ist aber der Mensch zu völliger Gleichheit gezwungen, darf er sich nicht frei entwickeln, dann ist auch sein Erfahrungsbereich genormt, und er wird sich immer nur unfrei und versklavt fühlen.

Es ergibt sich aus der Tatsache, daß die Umwelt auf das Erbgut einwirkt und damit den Phänotypus prägt, eben die notwendige Folgerung, wonach sich ein Mensch bemühen muß, lebenslang ein Maximum an Erfahrungen zu machen. Man muß sich bemühen, jene Besonderheiten im eigenen Erbgut herauszufinden, man muß sich immer wieder die Frage stellen, was man von den Eltern, den noch überschaubaren Vorfahren an Fähigkeiten geerbt hat. Es ist eine Erfahrungstatsache, daß die hier zum Vorschein kommenden Anlagen bei Verwandten jeden Grades eben entdeckt werden können, einmal mehr bei der mütterlichen, dann bei der väterlichen Linie. Und man wird vielleicht auch eine besondere Ähnlichkeit in den Lebenszielen bei einem Großelternteil entdecken können. Hier kann die wissenschaftliche Eugenik sehr viel helfen, sozusagen sich selbst zu finden. Und es ist nun einmal das Ziel der ganzen Menschheit, das Erbgut, diesen kostbaren Schatz, zu bewahren und dafür zu sorgen, daß er unbeschädigt von einer Generation zur anderen weitergegeben wird. Es mag hier vielleicht von Interesse sein, in welcher Größenordnung das gesamte Erbgut der Menschheit vorhanden ist. Was hier die Wissenschaft lehrt, ist doch einigermaßen erschreckend: Die gesamte DNS mit ihren Basen würde in einem Fingerhut Platz haben.

Moses, zweites Buch, Kapitel 20, Vers 12

In seinem Buch „Der Untergang des Abendlandes" kommt Oswald Spengler zu der Definition, wonach Kultur immer auch zugleich Religion ist. Denn Kultur spiegelt das Seelenleben einer Gemeinschaft wieder, und die Seele läßt den Menschen immer wieder das Bedürfnis verspüren, den Sinn des Lebens, speziell des eigenen Lebens, kennenzulernen. Die Sehnsucht nach den kosmischen Verbindungen läßt den Menschen seine Seele fühlen, und wenn in einer Gemeinschaft die Religion immer mehr an Stellenwert verliert, dann schwindet auch, allen staatlichen Unterstützungen zum Trotz das kulturelle Streben. Mit dem Ausbau der Zivilisation mit all ihren Bequemlichkeiten schwindet das religiöse Empfinden, und somit hat Spengler leider recht: Zivilisation ist Nicht-Religion, Religionslosigkeit, Abkehr von jeder religiösen Lebensweise. Die Seele spürt nicht mehr jene Sehnsucht nach dem großen Raum, in den dieser Splitter von einer Erde hineingestellt ist. In den hochentwickelten Industriestaaten mit der immer perfekter werdenden Zivilisation mit allen Einrichtungen der allgemeinen Wohlfahrt muß sich der Glaube an Gott, an ein übergeordnetes Wesen, an eine höhere Ordnung, an eine höhere Bestimmung des Menschen, die nicht im irdischen Raum allein besteht, so nach und nach abschwächen. Sichtbares Zeichen dafür ist das Fehlen junger Menschen bei den Gottesdiensten, und ganz besonders markant zeigt sich eine völlige Unkenntnis religiöser Lehren, gepaart mit der Unfähigkeit, zu beten.

Daher ist es nur zu verständlich, daß jenes vierte Gebot, das der Bibel nach auf dem Berg Sinai gegeben wurde, in seiner unerhörten Weisheit und Bedeutung so gut wie überhaupt nicht verstanden wird in einer Zeit, wo sich die Schüler mit dem Erreichen des vierzehnten Lebensjahres ohne Billigung der Eltern vom Religionsunterricht abmelden dürfen.

Es lautet da:

„Du sollst Vater und Mutter ehren, auf daß Du lange lebest und es Dir wohlergehe auf Erden!"

Es heißt also ausdrücklich nicht, daß man Vater und Mutter lieben soll. Gemeint ist auch nicht, daß man verpflichtet ist, für sie zu sorgen, ihren Lebensunterhalt zu bestreiten, wenn sie alt geworden sind. Das sind Forderungen, die an sich selbstverständlich sind, aber hinter der biblischen Forderung weit zurückstehen. Und das eigene Wohlergehen wird durch dieses Gebot von der Ehrung der Eltern abhängig gemacht! Wie wenig wird in der heutigen Zeit dieses Gebot verstanden, wie wenig wissen junge Menschen, daß hier der Schlüssel zum Lebensglück verborgen ist!

Ehren heißt anerkennen! Ehren heißt die Verdienste eines Menschen verstehen und sie gegebenenfalls zum Vorbild zu nehmen. Und daraus ergibt sich die wahre Bedeutung dieses Gebotes, hier folgt eben der klare Auftrag an die Nachkommen. Du sollst das, was die Eltern getan haben, verstehen, ihre Art zu leben sollst Du übernehmen, die Strategien zum Überleben, die sie verwendet haben, werden auch Dir nützen!

Natürlich kann keine Generation jemals sich in die Lebensverhältnisse vergangener Generationen einfühlen. Der Lebenskampf, den die Großelterngeneration oder gar Urgroßelterngeneration führen mußte, die unglaublichen Drangsalierungen und Entbehrungen während der Weltkriege, kann eine nachfolgende Generation niemals verstehen. Man kann nur voll Hochachtung zurückblicken auf Generationen, die unter ungleich schwierigeren Umständen das Leben gemeistert haben und offenbar auch mit den Forderungen des Lebens zurechtkamen. Denn sonst hätten sie nicht den Optimismus besessen, Kinder in die Welt zu setzen, diese auch zu erziehen und dafür ein Maximum an Entbehrungen auf sich zu nehmen. Sie alle, die einst gelebt haben, müssen einen geradezu wuchtigen Antrieb in sich besessen haben, um sich den Widerwärtigkeiten des Lebens zu stellen. Ehren heißt in diesem Zusammenhang auch, sich von den Eltern oder Großeltern etwas sagen zu lassen, sich willig zeigen, Ratschläge anzunehmen.

Die Eltern haben in der Regel den Kindern eine gewisse Ordnung hinterlassen, und es hat noch niemandem geschadet, wenn er diese Ordnung zumindest teilweise für sich zu nutzen verstand. Und was ein langes Leben betrifft, so ist dies natürlich in erster Linie bedingt durch ein gutes und kraftvolles Erbgut, eine positive Einstellung zur Umwelt und eine Lebensführung, die alles meidet, was der Gesundheit schaden kann. Es ist aber auch eine unleugbare Tatsache, die von der Medizin und Biologie immer wieder bestätigt wird, daß ein Mensch, der sich gesund fühlt, auch gesund bleibt. Hier ist das Verstehen und Anerkennen der Lebensweise der Eltern und Großeltern fast immer richtungsweisend. Wie falsch läuft das Leben vieler junger Menschen, die Ratschläge mißachten und so früh wie nur möglich dem Elternhaus entfliehen. Sie haben dadurch auch niemals gelernt, wie man mit einer anderen, älteren Generation zusammenleben kann.

Sollte man nicht gerade mit Bewunderung den Vater immer wieder ansehen, wie er gearbeitet hat, wie er für die Familie sorgt, wie er überhaupt mit den Schwierigkeiten des Lebens zurechtkam. Sollte man nicht die Mutter bewundern, immer wieder ehren – nicht nur am Muttertag –, weil sie in ihrer Fürsorge für die Kinder niemals nachließ und alles für die Familien zu tun bereit war. Wer hat jemals im Leben Unglück gehabt, der immer die Eltern geehrt und geachtet hat, der bereit war, ihre Tradition und den Schatz ihrer Lebensweisheiten zu übernehmen? Höchst selten ist dies der Fall! Doch das Gegenteil ist überall zu erkennen, und es bringt nun einmal keinen Segen, kein langes Leben in Wohlergehen, wenn man die Eltern nicht geachtet, nicht geehrt, schlimmer noch, immer verachtet hat!

Es kann das, was im Erbgut enthalten ist, die Lebensweisheiten und die Praktiken für den Lebenskampf, von den Kindern immer erkannt werden. Die Ahnenforschung, der wirklich imponierende Ahnenkult in den östlichen Ländern sind Beweise genug, daß hier sozusagen eine Schatzsuche möglich ist, die zu einem Wohlergehen auf dieser Erde führt. Sich seiner Ahnen zu rühmen, auf sie stolz zu sein, steigert immer ohne Ausnahme die Lebensfreude. Wie armselig sind in der heutigen Zeit so viele Jugendliche, die oft nicht einmal die Geburtsdaten ihrer Eltern kennen, von den Großeltern überhaupt nichts wissen und sich auch niemals über die eigene Herkunft informiert haben.

Unmißverständlich gesagt: Mit der Beobachtung der Eltern und Verwandten, mit der Anerkennung ihrer Lebensweise, mit der Annahme ihrer Ratschläge gewinnt man Einblick in die eigene Struktur des Erbgutes, findet man Erklärungen für diese oder jene Anlage, für diese oder jene Neigung und Begabung. Mit einem Mal kann man sich viel besser verstehen, wenn man erkennen kann, daß diese oder jene Eigenschaft bei einem Eltern- oder Großelternteil vorhanden ist. In früheren Zeiten, als Familienmitglieder viel engere Beziehungen unterhielten, waren es die üblichen Gespräche, die jedermann interessierten, wenn festgestellt wurde, daß dieses oder jenes Kind das oder dies von seinem Vater oder seiner Mutter „haben müßte".

Wer Vater und Mutter ehrt, der fühlt sich eingebunden in den großen Strom des Lebens, dessen biologische Grundlage eben das Erbgut ist, das seit urdenklichen Zeiten von einer Generation zur anderen weitergegeben wird.

Das Wohlergehen auf Erden wird aber auch dadurch gesichert, daß ihrerseits die Eltern versuchen, in ihren Kindern jene Eigenschaften zu entdecken, die dann für einen bestimmten Lebensweg besonders geeignet sind. Wenn dann gegen Ende des zweiten Lebensjahrzehntes die Entscheidung fallen muß, was aus einem Jugendlichen einmal werden soll, wenn so in der zweiten Hälfte des zweiten Lebensjahrzehntes eine bestimmte Berufsausbildung angepeilt werden soll, dann kann es in oft wunderbarer Weise nützen, wenn Eltern eine Übereinstimmung der Erbanlagen bei ihren Kindern festgestellt haben und dementsprechend dann Empfehlungen geben können.

Die Gesetze, von denen die Bibel spricht, sind Naturgesetze. Sie beruhen auf dem großen Erfahrungsschatz, den die Menschheit angesammelt hat. Lange vor der Erkenntnis der Gene, der Chromosomen, der ganzen Zusammenhänge bei der Vererbung hat man schon gewußt, daß die Ehrung der Eltern ein Weg zum Lebensglück ist.

Dein Leben – Dein Typ!

Einfach definiert ist die Konstitution die erbbedingte, körperliche, seelische und geistige Struktur des Menschen, zu der zunächst einmal sofort erkennbar die Körperverfassung gehört. In weiterer Folge versteht man darunter den Reaktionstyp des Menschen, wie er eben auf alle Umweltbedingungen mit seinem Verhalten anwortet, und in einem gewissen Sinn wird mit der Konstitution auch die Neigung zu bestimmten Krankheiten angegeben.

Es war der am 8. Oktober 1888 geborene Psychiater Ernst Kretschmer, der wesentlich zur Erforschung der Konstitution des Menschen mit der Definition von drei Typen beitrug. Demnach gibt es den pyknischen Typ mit Neigung zum Fettansatz, breitwüchsig und mit einem sehr anpassungsfähigen Verhalten. Pykniker sind in der Regel warmherzig, menschen- und kontaktfreundlich und letztlich mitunter enorm realistisch in der Beurteilung ihrer Umwelt. Hier spielt auch die Verdauung eine große Rolle, denn Pykniker essen und trinken viel, vor allem aber macht ihnen Essen und Trinken immer große Freude!

Die Leptosomen sind schmal gebaut, scheinen lebenslang schwächlich zu sein, obwohl sie seltsamerweise fast immer eine größere Widerstandskraft gegen allerlei Belastungen besitzen. Es fehlen ihnen die Muskelpakete, sie neigen kaum zu einem Fettansatz. Bei den reinen Typen hat man oft den Eindruck, sie wären krank, womit man sich allerdings zumeist täuscht. Ihr Verhalten ist reizbar, sie sind introvertiert und neigen kaum zu echter Fröhlichkeit. Ernsthaft und still können sie sich überall zurückhalten, also auch beim Essen und Trinken, und an Stelle körperlicher Leistungen kann man bei ihnen ein Streben nach Bildung und Wissen erkennen.

Und dann gibt es noch die athletischen Typen mit ihrer so kraftstrotzenden Figur. Ohne sich viel anzustrengen, sind sie schon im schulpflichtigen Alter immer die Stärksten in der Klasse, imponieren allen durch Kraft und Beweglichkeit. Sie sind es, die den Turnprofessoren immer die größte Freude bereiten, denn sie turnen gern, betreiben gern jede Art von Sport, können sich bei sportlichen Tätigkeiten bis zur Erschöpfung anstrengen und empfinden dabei höchste Lust! Sie zeigen bei dergleichen Tätigkeiten eine imponierende Beharrlichkeit und können zumeist die anderen nicht verstehen, denen dergleichen Aktivitäten nicht gefallen. Ohne Böswilligkeit aber kann man behaupten, daß dieses Muskelwachstum, diese rein körperliche Masse an Muskelfleisch, doch irgendwie auf Kosten der Gehirnwindungen gehen kann. Große Sportler sind zumeist nicht in den Hörsälen der philosophischen Fakultät zu finden.

Reine Typen aber sind selten. Diese kommen nur dann zustande, wenn beide Elternteile demselben Typ angehören. Wenn zwei Pykniker, wohlbeleibt und friedlich gesinnt, Kinder bekommen, dann darf man nicht erwarten, daß diese dem leptosomen oder athletischen Typ angehören werden.

Es kann eigentlich als eine Hauptaufgabe angesehen werden, daß sich jeder Mensch schon frühzeitig Gedanken darüber macht, zu welchem Typ er eigentlich gehört. Oder vielleicht, besser ausgesagt, zu welcher Typenmischung er zu zählen ist. Jeder Mensch kann dies wohl vor allem durch Beobachtung seiner Eltern erkennen. Und wer auch nur ein wenig von der ganzen Typenlehre – die natürlich in der heutigen Zeit viel genauer von den Wissenschaftlern beschrieben wird als zu Kretschmers Zeiten – versteht, der wird auch im Verhalten der Eltern diesbezügliche Erklärungen finden. Ein leptosomer Vater wird gerne daheim sitzen und lesen, der pyknische jedoch öfters zum Heurigen gehen, und der Athlet wird auf dem Sportplatz zu finden sein und im Winter jedes Wochenende auf einer Schipiste einen Knochenbruch riskieren.

Und wenn man sich darüber klargeworden ist, zu welchem Typ man eigentlich gehört, dann sollten die damit verbundenen positiven Eigenschaften gefördert werden. Natürlich kann ein Leptosomer mit seiner geringen Muskulatur Tag und Nacht trainieren, um seine Muskeln zu entwickeln und kraftvoller auszusehen. Doch wird es ihm niemals, auch nicht mit irgendwelchen eiweißaufbauenden Spezialpräparaten gelingen, überaus imponierende Muskelpakete zu erarbeiten. Ganz abgesehen davon, daß solcherart erworbene Körperkorrektur nicht dauerhaft ist und zweitens enorm gesundheitsschädlich sein kann.

Und ein Pykniker wird möglicherweise lebenslang versuchen, Gewicht abzunehmen, und alle Anstrengungen werden erfolglos bleiben. Menschen mit athletischer Figur sind erfahrungsgemäß allerdings am wenigsten interessiert, ihren Typ zu verändern. Sie sind damit zufrieden, schließlich gibt das Gefühl der Stärke, die von anderen respektiert wird, ein beträchtliches Maß an Selbstvertrauen.

Was also gefordert wird, ist eine Verbesserung des Typs, eine richtige Handhabung der Konstitution. Jeder Mensch bekommt für sein Leben – so banal das nun einmal klingen mag – nur einen Körper, auch im Zeitalter der Organverpflanzungen und zum Teil wahnsinniger Pläne der Chirurgen wird das niemals anders sein. Ein Mensch mit einem gesunden Erbgut, frei von schweren Erbkrankheiten, besitzt mit seinem Körper, mit seiner Konstitution und dem dazugehörenden Verhalten ein beachtliches Potential an Lebenskraft. Ein berühmter Internist hat einmal gesagt, daß im Regelfall der Körper so beschaffen ist, daß man damit das neunte oder gar zehnte Lebensjahrzehnt erreichen kann.

Schon der alte Hippokrates – alt, weil er vor länger als zwei Jahrtausenden wirkte und seine Lehren vielfach auch heute noch Geltung haben – hat erkannt, daß manche Typen zu bestimmten Krankheiten neigen. Da ist zum Beispiel die oft beobachtete Tatsache, wonach Leptosome sehr oft zu Depressionen neigen und ihr Lebenspotential an Freude scheinbar gering ist. Während in Europa die Psychiater die Depression als eine ganz spezielle Störung des Verhaltens definieren, ist man in den USA der Meinung, daß auch die Schizophrenie zum Teil als Depression in Erscheinung treten kann. Hier handelt es sich ohne Frage um schwere Geisteskrankheiten, und Verhaltensstörungen dieser Art sind nun einmal bei Leptosomen häufiger. Hat man das einmal verstanden, dann kann das Leben doch so ausgerichtet werden, daß mit einer hohen Wahrscheinlichkeit depressive Stimmungen erst gar nicht aufkommen können. Hier hat der Wiener Psychiater Alfred Adler die entscheidenden Ratschläge gegeben. Niemals kann es zu Depressionen kommen, wenn ein Mensch immer wieder darüber nachdenkt, wie er anderen eine Freude bereiten könnte. Er muß es gar nicht tun, er braucht bloß darüber *nachzudenken!* Und der zur Introversion, zur Zurückhaltung neigende Leptosome muß sich mehr anstrengen als der Pykniker, um gegen Depressionen anzukämpfen.

Gicht und Zuckerkrankheit sind jene Stoffwechselstörungen, die vor allem den pyknischen Menschen bedrohen. Dazu gehört auch der hohe Blutdruck mit seiner Neigung zu Schlaganfällen. Daß hier der Zwang abgeleitet werden muß, man möge sich ernährungsmäßig richtig anpassen, ist einzusehen.

Bei athletischen Menschen hat man immer wieder eine Anfälligkeit für Infektionskrankheiten und Kreislaufleiden aller Art festgestellt. Es mag sein, daß hier ein Mißverhältnis zwischen Muskelmassen und Knochengerüst vorhanden ist, durch das es unter Umständen auch zu schweren Gelenksleiden kommen kann. Hier hat sich eine regelmäßige Kontrolle vor allem der Gelenke immer wieder bestens bewährt. Allerdings lassen sich einheitliche Empfehlungen hier schwer geben. In einer Zeit, wo Sportbegeisterung sozusagen einen Höhepunkt erreicht hat, klingt es ja irgendwie ketzerisch, wenn man die Behauptung aufstellt, daß Sport auch sehr ungesund sein kann. Die vorzeitige Schädigung des ganzen Bewegungsapparates bei athletischen Typen jedenfalls mahnt zur Vorsicht.

Jeder Mensch sollte, wenn er über seine eigene Herkunft nachdenkt und auch seinen Typ zu erkennen versucht, sich über die in seiner Familie vorgekommenen Krankheiten informieren. Es kann sehr aufschlußreich sein, wenn man zum Beispiel die Krankheiten der Großeltern, die ja noch in einer Zeit aufgewachsen sind, wo der medizinische Fortschritt noch nicht so rasant war, einmal überdenkt. Auch ist es sehr informativ, wenn man zu erfahren versucht, wie ihre ganze Lebensweise beschaffen war und welche Tätigkeiten sie während des Lebens ausgeübt haben. Der ganze Lebensstil der Eltern, Großeltern und Urgroßeltern kann mitunter zumindest teilweise übernommen werden, um das eigene Leben zu gestalten.

Es ist interessant, daß der Turnunterricht in der Schulzeit, so wichtig er auch immer sein mag, auf die Körperkonstitution wenig, vielfach sogar keine Rücksicht nimmt. Wohlwollend blicken selbstverständlich die Turnlehrer auf die Begeisterten, die hüpfen, springen, laufen und beim Ballspiel sich voll engagieren. Ihnen werden die guten Noten geschenkt, während diejenigen, denen der Turnunterricht ein Greuel sein kann, weil es ihnen an Muskeln fehlt oder sie bereits einen Fettansatz als Pykniker erkennen lassen, um halbwegs gute Noten kämpfen müssen. Sie finden oft lebenslang keine wirkliche Beziehung zu sportlicher Tätigkeit.

Allen drei Typen aber ist eine Verpflichtung gegeben, die unabdingbar ist und wo es niemals eine Konzession geben kann. Der menschliche Stoffwechsel ist direkt abhängig von der körperlichen Bewegung. Das gilt für alle Konstitutionen, Wärme und Energie können nur in der tätigen Muskulatur erzeugt werden. Das Ausmaß der täglichen Bewegungen muß daher diesem Umstand Rechnung tragen, geschieht dies aus irgendeinem Grund nicht, dann kommt es unweigerlich zu schweren Gesundheitsschäden.

Der Mensch, der sich gesund fühlt, ist bekanntlich wenig bereit, über die eigene Gesundheit nachzudenken. Oder wie die alte Weisheit lautet, habe ein gesunder Mensch viele Wünsche, ein kranker Mensch aber nur einen einzigen! Und solange man sich gesund fühlt, ist man auch wenig bereit, für die Erhaltung der Gesundheit alles nur mögliche zu tun. Man lebt dahin, übersieht oft sogar die ersten Alarmsymptome und kommt erst zu voller Besinnung, wenn bereits ernste Gesundheitsstörungen aufgetreten sind.

Die richtige Handhabung des eigenen Konstitutionstypus ist eine Notwendigkeit, die während des ganzen Lebens besteht. Und darüber sollte man immer wieder nachdenken, besonders dann, wenn man die eigene Lebensweise von Zeit zu Zeit einer kritischen Betrachtung unterzieht.

Die Kunst, lange zu leben!

Es ist zunächst notwendig, die Situation der heute lebenden Menschen hinsichtlich ihrer Beziehung zur Heilkunde klar und deutlich zu definieren. Nur dann wird man auf die Frage, ob man selbst das eigene Leben verlängern kann, eine richtige Antwort erhalten.

In der Mitte des vorigen Jahrhunderts entstand die naturwissenschaftliche Medizin. Durch Einführung physikalischer und chemischer Methoden, in enger Anlehnung an alle Naturwissenschaften, wurde das Zeitalter der sogenannten romantischen Medizin mit ihren so vielen unklaren Vorstellungen beendet. Man lernte immer besser den Sitz der Krankheiten erkennen, man fand immer neue Untersuchungsmethoden, und innerhalb weniger Jahrzehnte konnte dann eben diese naturwissenschaftliche Medizin vor allem im Kampf gegen die Infektionskrankheiten einen Sieg nach dem anderen erringen. Man kann sich in der heutigen Zeit überhaupt nicht mehr vorstellen, was es wohl bedeutet haben mag, daß jeder Mensch ununterbrochen von diesen Geißeln der Menschheit bedroht war. Typhus, Diphtherie, Cholera, Pest, Kinderlähmung, Fleckfieber, Tuberkulose und Syphilis waren allgegenwärtig. Kein Mensch kann sich eine Choleraepidemie vorstellen mit diesem qualvollen und vor allem raschen Sterben. Man ging in vollem Wohlbefinden morgens aus dem Haus und lag abends tot im Rinnsal der Straße.

Die moderne naturwissenschaftliche Medizin hat also, das sei nüchtern betrachtet festgestellt, die Infektionskrankheiten besiegt. Wenn es heute so viele „alternative Heilmethoden gibt“ wie Akupunktur, Neuraltherapie, Edelsteintherapie, Homöopathie und andere, so wird man objektiv wohl sagen müssen, daß keine dieser Heilmethoden in der Lage war und ist, eine Infektionskrankheit wie etwa die Syphilis oder den Typhus zu heilen. Man wird diese alternativen Heilmethoden wohl auf einen richtigen Platz stellen müssen, der etwas abseits der Position liegen wird, der heute durch die Massenmedien diesen Praktiken zugeteilt wird. Zu keiner Zeit in der menschlichen Geschichte konnten Infektionskrankheiten erfolgreich kuriert werden, erst die moderne naturwissenschaftliche Medizin hat den Bann gebrochen. Diese moderne naturwissenschaftliche Medizin wird immer wieder verächtlich die „Schulmedizin“ genannt!

Steht also die Frage im Raum, ob man das eigene Leben verlängern kann, dann muß man die Infektionskrankheiten ausklammern. Denn diese können schicksalsbedingt sein, man kann deren Opfer werden, egal, welche Konstitution man hat und welche Lebensweise man praktiziert. Nur ganz schwach erinnert die heute alle bedrohende Immunschwäche, diese Geißel im letzten Jahrzehnt dieses Jahrhunderts, an die einstigen Schrecken. Und man weiß genau, daß eine einzige Unachtsamkeit immer wieder eine Katastrophe auslösen könnte.

Lange Zeit nun, ehe man etwas von den Genen wußte, man von der so triumphalen naturwissenschaftlichen Medizin nicht einmal zu träumen wagte, hat bereits ein Arzt die Frage, ob man das eigene Leben verlängern kann, richtig und absolut richtungsweisend beantwortet. Es war der am 12. August 1762 in Thüringen geborene Christoph Wilhelm Hufeland, der zunächst als praktischer Arzt gearbeitet hat, dann eine Professur erhielt, Leibarzt des preußischen Königpaares wurde und vor allem die Größen der Literatur, nämlich Goethe und Schiller, behandelte. Hufeland muß sehr große Erfahrungen besessen haben, denn wenn man heute sein Hauptwerk, nämlich die „Makribiotik" liest, dann kann man es kaum glauben, daß seit dem Erscheinen dieses Buches fast zweihundert Jahre vergangen sind. Alles, was Hufeland beschrieb und an Ratschlägen gab, ist heute nach wie vor gültig.

Die Quintessenz seines Hauptwerkes ist denkbar einfach. Man sollte alles tun, was der Gesundheit nützt, und alles meiden, was ihr schaden kann. Das klingt so simpel, daß man sich fragen muß, wo hier das Besondere wäre, wieso auf diese Weise das Leben tatsächlich verlängert werden könnte.

Ein einziges Beispiel möge aber hier zeigen, wie wenig die Menschen selbst diesen so einfachen Rat befolgen. Es war im Jahre 1962, da veröffentlichte der amerikanische Generalarzt Dr. Luther Terry das Ergebnis einer einjährigen Untersuchung, an der mehr als eine Million Menschen beteiligt war. Diese mit viel Geld finanzierten Untersuchungen wurden auf Befehl des damaligen Präsidenten Kennedy durchgeführt und sollten endgültige Klarheit über das Rauchen und seine Gesundheitsgefährdungen bringen. Terry legte seinen Rapport vor, der mit den Worten schloß, es ginge aus allen Untersuchungen einwandfrei hervor, daß Rauchen die Gesundheit schädige.

Es sind mehr als dreißig Jahre seit diesem Bericht vergangen, und der Konsum an Tabakwaren ist nicht nur nicht zurückgegangen, er ist sogar immer größer geworden, und ganz besonders haben Mädchen und junge Frauen die Lust am Rauchen entdeckt und kümmern sich nicht eine Sekunde um etwaige Folgen. Besonders gravierend aber wird man die Tatsache zu bewerten haben, daß zehn Jahre nach dem

Terrybericht zum Beispiel in den österreichischen Schulen Raucherzimmer etabliert wurden!

Was Hufeland in seiner kleinen Schrift, die immer wieder neu aufgelegt wird und daher in jeder Buchhandlung bezogen werden kann, erklärte, ist nichts anderes als ein Leitfaden zur richtigen Lebensführung. Er zitiert die Schutzgeister des Lebens, nämlich Licht, saubere Luft, Wärme und sauberes Wasser, und Hinweise für ihre Anwendung. Er beschäftigt sich im Buch mit dem Schlaf, mit dem Hören von Musik, mit der Arbeit, mit allen Strapazen des Lebens, mit der Sexualität und allem anderen. Geradezu sensationell ist der Rat, man möge nicht zu jenen Ärzten gehen, die nach zwei Augenblicken bereits zum Rezeptblock greifen und dann Medikamente verschreiben.

Klingt es nicht überaus vernünftig, man möge nach dem Essen immer eine harte Brotrinde zur Reinigung der Zähne kauen? Sind nicht warme Fußbäder, abends wie morgens, eine wahre Wohltat? Und in der heutigen Zeit, wo so viele über Dickleibigkeit klagen, sind es doch goldene Worte, wenn Hufeland sagt, man möge mit dem Essen aufhören, wenn man noch etwas essen könnte. Und es klingt wie echte Psychotherapie, wie er Ratschläge gibt zur Erlangung echter Zufriedenheit.

Was nützt es schon, wenn man die besten Gene besitzt, wenn man sozusagen langlebig programmiert ist, diese gute Konstitution aber durch eine unvernünftige Lebensführung frühzeitig schädigt? Wenn man daran denkt, daß in der Gegenwart so viele junge Menschen zu Drogen greifen, muß man sich wirklich fragen, ob nicht der gesunde Menschenverstand zur Mangelware geworden ist. Schuld an der enormen Verbreitung der Süchtigkeiten ist zum Teil sogar das Wort „Drogen" selbst. Denn „Rauschgift" klingt irgendwie gefährlich, „Drogen" aber für junge Menschen zumindest schick! Beim Wort Rauschgift muß man die letzte Silbe betonen, denn es handelt sich ja tatsächlich um lebenzerstörendes und todbringendes Gift! Wer zu solchen Giften greift, schädigt seine Konstitution schon beim ersten Mal für dauernd. Er geht dann einen Weg, der zu echtem Siechtum und frühem Sterben führt!

Es hat die moderne naturwissenschaftliche Medizin in vielfältiger Weise bewiesen, daß die Empfehlungen Hufelands richtig sind. Um die Gesundheit zu festigen und vor Schaden zu bewahren, ist eine entsprechende Lebensweise, eine Diät (vom griechischen Wort diaita = Lebensweise) notwendig. Damit kann man die ererbte Konstitution verbessern und damit die Grundlage für ein langes Leben zimmern.

Der Stoffwechsel

In den Genen ist nicht nur der Bauplan für das ganze Leben mit all seinen Umstellungen enthalten. Es existiert zusätzlich ein Zeitgeber, eine „innere Uhr", die präzise angibt, zu welchem Zeitpunkt diese oder jene Veränderung stattfinden soll. Sie reguliert bis zum Ende des zweiten Lebensjahrzehntes das Knochenwachstum, sie bewirkt das Einschalten der Hormonproduktion, deren Folge die Pubertät ist, und anderes mehr. Das ganze Leben wird von dieser inneren Uhr sozusagen gegängelt, sie gibt den jeweiligen Genen den Impuls, den Stoffwechsel in bestimmter Weise zu regulieren.

Lebenswichtig aber ist immer jener Zustand, den man HOMOEOSTASE nennt. Dieser allein bestimmt, ob ein Lebewesen existenzfähig ist oder nicht. Jedes Lebewesen, vom kleinsten Bakterium bis zu den Elefanten, natürlich auch jeder Mensch, benötigt ein Gleichgewicht zwischen der umgebenden Wirklichkeit und dem eigenen Körper. Das gilt auch für die Pflanzenwelt. Zum Wachstum, zur Erhaltung aller Funktionen ist hier ein dauernder Stoffwechsel notwendig, der alle Bedürfnisse befriedigen muß. Das heißt klipp und klar, daß jedes Lebewesen aus dem umgebenden Lebensraum laufend, ohne Unterbrechung, Stoffe entnehmen und aufnehmen muß, diese dann im eigenen Körper verwendet, umbaut und schließlich wieder an die Umwelt das abgibt, was nicht benötigt wird.

Für den Menschen ist dies allen voran zunächst der Sauerstoff, der vom ersten Atemzug an die Grundlage bildet für den ganzen Stoffwechsel, und das Leben endet bekanntlich mit dem Aufhören der Atmung, eben mit dem letzten Atemzug. Und es ist immer wieder bemerkenswert und eigentlich tragisch, daß die meisten Menschen die Grundlagen des eigenen Stoffwechsels nicht kennen und verstehen, daher diesbezüglich sorglos und leichtfertig handeln.

Der Stoffwechsel, dessen gesamtes Funktionieren durch die ererbten Gene gesichert wird – jede winzigste Abirrung in einem Gen hat Krankheit und Tod zur Folge –, muß zwei Aufgaben erfüllen. Erstens werden die brennbaren Substanzen, also alle Kohlenstoffträger, die Kohlenhydrate und Fette, mit Hilfe des Sauerstoffs in der Muskulatur verbrannt. Dabei entsteht zunächst die Körperwärme – beim Menschen ist sie auf etwas weniger als siebenunddreißig Grad eingestellt – und dann für alle chemischen Prozesse die notwendige Energie. Energie, auch Arbeitsfähigkeit genannt, ist notwendig für die Unzahl ununterbrochen ablaufender chemischer Prozesse. Es wird ja alles, was in den Körper als Nahrung gelangt, zuerst einmal in seine Bestandteile zerlegt und dann wieder zusammengebaut, so daß es im Körper Verwendung finden kann. Aus einem Stück Rindfleisch wird zum Beispiel, grob gesagt, ein Stück menschlicher Wadenmuskel.

Womit auch schon die zweite Grundlage des ganzen Stoffwechsels angedeutet ist. Es muß ununterbrochen neue Körpersubstanz gebildet werden, denn jede einzelne Körperzelle geht früher oder später zugrunde und muß durch eine neue ersetzt werden. Zum Beispiel „sterben" die roten Blutkörperchen nach einer Lebenszeit von drei Monaten, und würden nicht laufend neue gebildet werden, stürbe der Mensch an Anämie, an Blutzersetzung.

Die ständige Neubildung von allen Körpergeweben verläuft aber im Leben nicht gleichmäßig, sie läßt drei Stadien erkennen. In der Fachsprache werden die aufbauenden Funktionen des Stoffwechsels *„anabolisch"* und die abbauenden *„katabolisch"* genannt. Es ist für jedermann somit klar zu ersehen, daß diese beiden entgegengesetzten Funktionen offenbar die drei großen Lebensabschnitte bedingen.

In der Jugend, etwa bis zum zwanzigsten Lebensjahr, überwiegen bei weitem die anabolischen, die aufbauenden Kräfte. Daher wächst der Mensch, setzt immer neue Muskelmassen an, und alle Organe vergrößern sich laufend. Dann kommt jene Lebensperiode, wo sich die aufbauenden und abbauenden Kräfte die Waage halten, und das sind jene Lebensjahrzehnte, wo man überaus leistungsfähig ist und wo man sich auch in der Regel des besten Wohlergehens erfreuen kann.

Dann aber kommt die Zeit, wo die abbauenden, die katabolischen Prozesse im ganzen Stoffwechsel langsam zu überwiegen beginnen, und das ist der Beginn des Alters, es nehmen die Alterserscheinungen, denen ja kein Mensch entgehen kann, ihren Anfang. Die Grenze nun, wo dies geschieht, ist vollkommen individuell. Genau besehen altert der Mensch ja vom Tage der Geburt an, ab dem fünfunddreißigsten Lebensjahr gehen beispielsweise bereits sehr viele Gehirnzellen täglich zugrunde, doch die Schrumpfungen, die Verlangsamungen, die Verengungen der Funktionen beginnen deutlich erkennbar zu sein erst so nach dem fünfzigsten Lebensjahr. Bei dem einen schneller, bei dem anderen langsamer.

Der gesamte Stoffwechsel kann aber nur dann reibungslos funktionieren, wenn laufend der Körper alle Substanzen erhält, die er benötigt. In der einfachsten Weise ausgedrückt sind dies Kohlenhydrate, Fette, Eiweißstoffe, Vitamine, Spurenelemente und Mineralstoffe. Es gibt in der Gegenwart eine kaum mehr zu überblickende Literatur mit einer Unzahl von Empfehlungen, wie man sich richtig ernähren sollte. Die wichtigste und grundlegende Empfehlung aber ist und bleibt die gut gemischte, immer wieder variierte sogenannte Hausmannskost. Man muß hier von der Tatsache ausgehen, daß in einer solch gut gemischten Kost alles enthalten ist, was der Körper benötigt. Wie wäre der Mensch sonst im Rahmen seiner ständigen Aufwärtsentwicklung bis in das zwanzigste Jahrhundert gekommen?

Wenn zum Beispiel empfohlen wird, immer größere Mengen Vitamine zu konsumieren, so sollte man nicht vergessen, daß ein Zuviel erstens sofort ausgeschieden wird (das ist bei den wasserlöslichen Vitaminen B und C der Fall) und zweitens durch Speicherung Störungen auftreten können (das gilt für die fettlöslichen Vitamine A, E und K). Analysiert man die heutigen Eßgewohnheiten, kann man unschwer erkennen, daß in den Ländern mit einem hohen technischen Standard zuviel Eiweiß und Fett konsumiert wird. Ebenso ist in den meisten Ländern der Zuckerkonsum zu groß. Hier wäre zu bemerken, daß es den weißen raffinierten Zucker, der heutzutage billig ist, noch vor zweihundert Jahren überhaupt nicht gegeben hat!

Erfahrungsgemäß wollen die meisten Menschen ihre Ernährungsgewohnheiten nicht ändern. Selbst dann, wenn Erkrankungen des Stoffwechsels nachgewiesen sind, in erster Linie Zuckerkrankheit und Gicht, fällt es ungemein schwer, größere Änderungen vorzunehmen. Und meist sind die Menschen dann bereits in einem Alter, wo es sehr schwer ist, die Grundlagen der ganzen Ernährung überhaupt zu verstehen. Etwa bei der Zuckerkrankheit den Begriff „Weißbroteinheit" und die berüchtigte „Austauschtabelle".

Es kann ja keinen Zweifel darüber geben, daß für die Funktionen des Körpers im Laufe des ganzen Lebens die Ernährung die Hauptrolle spielt und daher jeweils der Tätigkeiten eines Menschen die entsprechenden Kalorien und Aufbaustoffe zugeführt werden müssen. Während des Zweiten Weltkrieges gab es in Mitteleuropa Lebensmittelkarten, die je nach der körperlichen Tätigkeit Zuweisungen von Lebensmitteln gewährten. Es gab Karten für Normalverbraucher, Schwerarbeiter, Schwerstarbeiter, für werdende und stillende Mütter und Kinder. Rückblickend muß man mit einem gewissen Neid akzeptieren, daß damals die Stoffwechselerkrankungen fast verschwunden sind, Neuerkrankungen ausblieben und die meisten Menschen trotz der ungeheuren Belastungen durch die Kriegsbedingungen sich gesund fühlten.

Die heute so oft kritisierte Lebensweise der meisten Menschen ist so gestaltet, daß man kaum mehr sich anstrengen muß, körperliche Belastungen minimal sind, hingegen jeder Mensch jene Mengen täglich zu sich nimmt, die früher einmal für Schwerstarbeiter gereicht haben. Mit anderen Worten, die meisten Menschen nehmen schlicht und einfach zuviel Kalorien zu sich. Und diese außerdem in einem nicht ausreichend gemischten Zustand. Zum Beispiel ist der Fett und Zuckeranteil in der täglichen Kost viel zu hoch.

Und da nun einmal der Sauerstoff das wichtigste Lebenselixier ist, so kommt auch der Atmung die allergrößte Bedeutung zu. Beobachtet man Menschen, wenn sie sitzen, dann muß man fast immer feststellen, daß sie überaus schlampig atmen. Zumeist nur mit den Schlüsselbeinen, so daß lediglich der oberste Anteil der Lungen durchlüftet wird. Die richtige Atmung ist aber immer noch die sogenannte Zwerchfellatmung, wo eben durch Bauchbewegungen das Zwerchfell gehoben und gesenkt wird.

Die Praxis ist hier denkbarst einfach:

Man lege sich auf den Rücken, beide Hände auf den Bauch, und atme zunächst kräftig aus! Dabei drücke man den Bauch mit beiden Händen hinein. Das Zwerchfell steigt empor, drückt die unteren Lungenpartien zusammen, und somit wird ein großer Teil der Luft aus den Lungen herausgepreßt.

Dann sollte man kräftig einatmen, wobei sich der Bauch vorwölben soll und das Zwerchfell sich abwärts bewegt. Frische Luft strömt durch die ganzen Lungen.

In der Regel spürt man sofort ein überaus angenehmes Gefühl, und wenn man zum Beispiel gleich morgens beim Aufwachen ein oder zwei Dutzend solcher Atemzüge macht, gewinnt man augenblicklich den für das Aufstehen notwendigen Antrieb.

Menschen essen, was ihnen schmeckt, und solange sie keine Schmerzen oder Beschwerden haben, denken sie über ihren Stoffwechsel nicht nach, wissen oft nicht einmal, was sich da im Körper alles abspielt. In der heutigen Zeit ist aber solch ein Unwissen nicht mehr zu verantworten. Im Gegenteil, schon von der Schulzeit her sollte jeder Mensch wissen, daß seine Gesundheit zu einem erheblichen Teil abhängig ist vom Stoffwechsel und dieser mit der richtigen Ernährung zusammenhängt.

Und das Wichtigste nach der Atmung ist die Bewegung, die Bewegung der Muskeln jeden Tag. Wärme und Energie können nur im bewegten Muskel gebildet werden, somit ist der Mensch verpflichtet, jeden Tag sich ausreichend zu bewegen. Zoologisch gehört der Mensch zu den Lauftieren, und das sagt eigentlich schon alles. Gehen und

Laufen erhalten den Stoffwechsel gesund, und die Zuckerkrankheit geht sehr oft auf das Konto ungenügender Bewegung.

Durch die Motorisierung haben in des Wortes wahrstem Sinn sehr viele Menschen das Gehen verlernt. Sport in jeder Form kann das Bewegungsmanko niemals ausgleichen, denn was der Körper braucht, ist ein Mindestmaß von *täglicher* Bewegung. Fehlt diese, dann fehlt auch dem Stoffwechsel die tägliche Energie. Denn nur sie kann die vielen chemischen Prozesse im Stoffwechsel ablaufen lassen. Gutes Essen, vielgerühmt, nahrhafte Speisen, kalorienreich und wohlschmeckend, sind praktisch wertlos, wenn sie nicht richtig, ausreichend und zielführend verdaut werden. Und dazu ist die durch Bewegung gewonnene Energie notwendig.

Je älter der Mensch wird, umso mehr muß er sich bewegen. Alle abbauenden Prozesse verlangsamen sich sofort, wenn man sich genügend bewegt. Wer sich lebenslang ausreichend bewegt, die Verlockungen zur Bequemlichkeit nicht kennt, wer vor allem ab der Lebensmitte, also nach dem vierzigsten Lebensjahr, kein Bewegungsdefizit duldet, darf hoffen, daß die Prozesse des Alterns sich erst sehr spät einstellen.

Bewegung und richtige Atmung, immer die Muskeln bewegen und richtig atmen, sind die Grundlagen eines gesunden und guten Stoffwechsels. Kombiniert mit einer richtigen Ernährung, kann man damit den ganzen Bauplan des Lebens verbessern, ihn vor Schaden bewahren und vor allem auch die Lebenszeit nach eigenem Willen verlängern. Und das kann jeder Mensch, egal, welche Gene er von seinen Eltern geerbt hat, welche Anlagen in seinem genetischen Apparat vorhanden sind.

Zusammenfassung

Von seinen Eltern erhält jeder Mensch eine genetische Bestimmung, eine Determination, die er annehmen muß, die Lebensschicksal ist. Doch diese Bestimmung, die in den Genen enthalten ist, läßt sich zu einem recht hohen Prozentsatz günstig beeinflussen. Indem man erstens zu erkennen versucht, wie die Ahnen gelebt haben und welche Lebensstrategie sie besaßen. Dann sollte man sich Klarheit verschaffen über den eigenen Konstitutionstyp und dann auch wissen, wie dieser zu behandeln ist. Durch Makrobiotik, das Meiden aller Schädlichkeiten, kann man diese genetische Bestimmung verbessern, besonders dann, wenn man sich richtig ernährt, richtig atmet und sich vor allem auch lebenslang ausreichend bewegt.

Ob es einmal in naher oder ferner Zukunft möglich sein wird, die Gene selbst zu verändern, zu manipulieren, ist heute noch ungewiß. Die moderne Genetik jedenfalls hat zumindest Anfangswege in dieser Richtung längst beschritten.

Der kosmobiologische Faktor

„Ich glaub an Gott und nicht an jene Sterne,
doch jene Sterne, auch sie sind von Gott.
Die ersten Werke seiner Hand, in denen
er seiner Schöpfung Abriß niederlegte,
da sie und er nur in der wüsten Welt!“
Grillparzer, „Ein Bruderzwist im Hause Habsburg“.
I.

Die wissenschaftliche Grundlage

Eigentlich hat jeder Mensch seine eigene, höchst persönliche Einstellung zur Astrologie. Für die einen ist sie nichts anderes als simple Wahrsagerei, für andere wiederum ein beachtenswertes Erfahrungswissen der Menschheit, gewonnen bereits in prähistorischen Zeiten und immer wieder durch neue Erkenntnisse vergrößert. Dann ist sie für viele von Kennern der Materie ein zum Teil überaus lukratives Geschäft, denn es gibt ja immer sehr viele Menschen, die Entscheidungen suchen und etwas von der Zukunft wissen wollen. Schließlich aber gibt es allerdings nicht sehr viele, die sich bemühen, die exakten wissenschaftlichen Grundlagen der Astrologie zu erforschen und die dann auch klare Aussagen machen können, was Astrologie ist und innerhalb welcher Aussagebereiche sie angewendet werden kann.

Hier gibt es eine zeitliche Zäsur, die eigentlich alles auf eine andere Grundlage stellte. Man war in den vergangenen Jahrtausenden angewiesen auf die Beobachtungen des Himmels, den Lauf der Wandelsterne mit ihren Beziehungen zum Tierkreis und den auf Erden erkennbaren Einflüssen auf das Leben im allgemeinen und im besonderen, das heißt im individuellen Bereich für jeden Menschen. Das heißt, man brachte bestimmte Konstellationen in Zusammenhang zu den Wechselfällen der Wirklichkeit in der Gemeinschaft und im persönlichen Dasein. So entstand im Laufe vieler Jahrhunderte eine sogenannte „Deutungslehre“, die freilich doch ein recht intensives Studium der ganzen Materie voraussetzte. Wer sich genügend lange mit diesen Himmelserscheinungen auseinandersetzte, den Aufbau des Kosmos aus irdischer Sicht zu verstehen suchte, wer immer wieder neue Erfahrungen machen konnte, dem war es schließlich vergönnt, bestimmte Aussagen per analogiam zu machen.

Nicht imstande aber war man bis weit in die Mitte dieses Jahrhunderts hinein, in irgendeiner Weise die kausalen Zusammenhänge zu erfassen und zu verstehen. Der berühmte Satz in Shakespeares „Hamlet“ mußte hier immer wieder herhalten, wonach es eben Dinge zwischen Himmel und Erde gibt, von denen sich die Schulweisheit nichts träumen läßt. Erklären konnte man die Wirkungen auf das irdische Leben nicht, wenngleich es immer, zu allen Zeiten, ganz präzise Hinweise gab, wonach solche Einwirkungen stattgefunden haben. Man denke hier bloß an die Wirkungen des Mondes auf das Wachstum.

Dann aber gab es zu Beginn der fünfziger Jahre zunächst einmal die Erkenntnis, wonach die Erde von elektromagnetischen Feldern umgeben ist, deren Form sich immer wieder verändert. Sprach man anfangs vom „Van Allen – Gürtel“, so brachten dann die Meßraketen Kunde von viel größeren Ringströmungen, und später ließ sich erkennen, daß eigentlich der ganze solare Kosmos ausgefüllt ist mit elektromagnetischen Feldern. Als die Weltraumraketen schließlich sogar bis zum fernen Pluto vordrangen, gewahrte man mit Staunen, daß jeder Planet ein mehr oder weniger großes elektrisches Kraftfeld besitzt.

Gleichsam zur gleichen Zeit hat man dann feststellen können, daß diese elektromagnetischen Felder eine eigene Achse haben, nämlich die Magnetachse, die einen Nordpol und einen Südpol erkennen läßt und entsprechend den Schwankungen dieser elektromagnetischen Felder immer wieder ihre Position ändert. Die magnetischen Pole sind einmal da, dann dort, und parallel dazu verändert sich auch die ganze „elektromagnetische Landschaft“ auf der Erdoberfläche, die mittlerweile ja meßbar geworden ist.

Zu Beginn der sechziger Jahre dieses Jahrhunderts erschien nun eine Arbeit des russischen Geophysikers Alexander Presman unter dem Titel „Elektromagnetische Felder sind Informationsträger der lebenden Natur“. In dieser umfangreichen Arbeit, erstellt auf Grund schier unglaublich großzügig unternommener Experimente, konnte einwandfrei nachgewiesen werden, daß die Veränderungen der elektromagnetischen Felder rund um die Erde direkt das Leben beeinflussen und immer wieder verändern.

Mittlerweile ist es der Medizin gelungen nachzuweisen, daß die unzähligen Stoffwechselvorgänge im menschlichen Körper – und selbstverständlich auch bei Tieren und Pflanzen – weitaus von den elektromagnetischen Schwankungen bestimmt werden, die Organe eingebettet sind in eigene Kraftfelder. Beispielsweise konnte man schon zu Beginn der siebziger Jahre das Kraftfeld des Herzens messen und damit den Nachweis erbringen, daß größere Schwankungen des irdischen Magnetismus selbstverständlich bei empfindlichen Personen Störungen hervorrufen können. Die Anfallsbereitschaft für Herzattacken jeder Art korreliert fast immer mit bestimmten geophysikalischen Schwankungen.

Zu Beginn der neunziger Jahre jedoch gelang es erstmalig, im menschlichen Gehirn winzigste Magnetteilchen festzustellen. Es sind Kristalle, die, wie man heute annimmt, bestimmte Orientierungssysteme sind. Simple physikalische Grundlagen lehren, daß sich elektromagnetische Felder gegenseitig beeinflussen, folglich müssen diese winzigsten Magnetspuren im menschlichen Gehirn ja irgendeine Funktion haben. Bei den Zugvögeln nimmt man heute an, daß sie gerade dank dieser Magnetteilchen im Gehirn sich orientieren können und die so erstaunliche Fähigkeit besitzen, über Kontinente hinwegzufliegen und zum Beispiel den Ort wiederzufinden, wo sie aus dem Nest geschlüpft sind.

Mit einiger Sicherheit kann man sagen, daß bei der Geburt eines Menschen dieser eintaucht in die elektromagnetischen Felder und diese damit den Rhythmus des Stoffwechsels und die ganze Aktivität der Gene prägen. Damit aber ist der Mensch auch abhängig von den großen rhythmischen Schwankungen der großen außerirdischen Kraftfelder, die schließlich auch unter dem Einfluß der ganzen solaren Magnetlandschaft stehen.

Somit besitzt die moderne Astrologie eine einwandfrei beweisbare naturwissenschaftliche Grundlage. Jeder Mensch ist zu jedem Zeitpunkt seines Lebens das Produkt seiner Gene und seiner Umwelt. Diese beiden Faktoren prägen sein ganzes Erscheinungsbild, seinen Körper, seine Funktionen, sein Verhalten, und dies wird der *Phänotypus* des Menschen genannt. (Vom griechischen Wort phainomai = ich erscheine). Und da diese Prägung durch die kosmischen Einflüsse bei der Geburt erfolgt, also von der Umwelt aus erfolgt, so kann man die Astrologie als die Lehre von einem den menschlichen Phänotypus mitbestimmenden Umweltfaktor bezeichnen.

Damit freilich sind der Astrologie durch die moderne Naturwissenschaft exakte Grenzen gesetzt. Aus einem Geburtshoroskop eines Menschen kann man selbstverständlich nicht alles über sein Schicksal herauslesen, wie dies durch Jahrhunderte angenommen wurde und heute noch von sogenannten Geschäftsastrologen und Geschäftsastrologinnen behauptet wird. Das sind Ansichten, die in das Reich der Fabel zu verweisen sind. Immer wird man wohl bei der Beurteilung der Wertigkeit eines Horoskopes auch den genetischen Faktor zu berücksichtigen haben.

In diesem Zusammenhang ist nicht zu verstehen, daß zum Beispiel seitens der katholischen Kirche, aber auch von anderen Religionen, auch heute noch die Astrologie eine Ablehnung erfährt. Es ist dies aller Wahrscheinlichkeit nach nur deswegen möglich, weil man diese Begrenzungen der Astrologie auf der einen Seite, die naturwissenschaftlichen Grundlagen auf der anderen gar nicht kennt. Ganz zu schweigen von der historisch belegten Tatsache, daß die Päpste einst in Rom eine eigene astrologische Universität unterhielten.

Das Horoskop der Geburt

Im Augenblick der Geburt eines Menschen stehen die Planeten im Tierkreis in einer einmaligen Weise verteilt, bilden untereinander mehr oder weniger Aspekte und geht am Osthimmel gerade ein Tierkreiszeichen auf, das man den Aszendenten nennt. Diese ganze kosmische Situation kann man nun graphisch darstellen, indem man von ihr eine Skizze anfertigt. In der heutigen Zeit ist dies denkbarst einfach geworden, da die Gestirnstabellen und die anderen Behelfe in jeder Buchhandlung bezogen werden können, zusätzlich aber immer mehr Computer mit ein paar Handgriffen diese Skizzen auf dem Bildschirm erscheinen lassen.

Diese Skizze, die einen einmaligen Zustand des Tierkreises mit seinen Planeten in einem Augenblick in Beziehung zu einem ganz bestimmten Ort zeigt, – nochmals gesagt *„einmalig!"* –, nennt man ein Horoskop, mitunter auch „Radix" (lat. Wurzel) oder in der ganzen westlichen englischsprechenden Welt Chart. Womit auch klar sein muß, daß zur Erstellung eines solchen Horoskopes die genauen Geburtsdaten, die Geburtszeit und auch die Angabe bezüglich des Geburtsortes (möglichst genau) erforderlich sind. Viele Menschen können die Geburtszeit nicht angeben, und folglich läßt sich dann auch nicht der Aszendent bestimmen. Daß viele Menschen, die in der Großstadt zur Welt kamen, nicht wissen, wo die Geburt erfolgte, sei nebenbei bemerkt. Und wenn man keine exakte Geburtszeit angeben kann, dann fehlt leider der wichtigste Punkt im Horoskop, und jede Deutung ist nur Stückwerk und letztlich viel zu unklar.

Der Aszendent, dieser wichtigste Punkt in einem Horoskop, üblicherweise nur ein Grad im Tierkreis, wird wie folgt definiert:

Auf eine Achse, die vom Geburtsort durch den Erdmittelpunkt geht, wird eine Ebene senkrecht dazu durch den Erdmittelpunkt gelegt. Wo diese Ebene die Ekliptik scheidet, der irdische Horizont also mit den kosmischen Kraftfeldern zusammenstößt, dort liegt jener Grad im Tierkreis, der den Aszendenten, das aufsteigende Zeichen, bestimmt.

Es lehrt die Erfahrung, daß diese Definition nur bei sehr wenigen Menschen auf Verständnis stößt, leichter geht es allemal, wenn an Hand eines Globus dies erklärt werden kann. Einst waren solche Globen die Grundlage für Berechnungen eines Horoskopes und sind heute noch in Museen zu bewundern.

Die Elemente eines Horoskopes sind der Tierkreis mit seinen zwölf Zeichen, weiters die zwölf Häuser, die in Beziehung stehen zu den verschiedenen Lebensbereichen, und schließlich die Planeten und die Mondknoten. Man kann das Zeichnen eines Horoskopes, wenn man über die nötigen Unterlagen verfügt, die vier Grundrechungsarten beherrscht, lernen in ein paar Stunden. Etwas völlig anderes allerdings ist das Erlernen, besser gesagt das Eindringen in die Deutungslehre, wofür in der Regel jahrelanges Studium erforderlich ist.

Die Astrologie ist ein *Erfahrungswissen.* Je länger man sich damit beschäftigt, je mehr Horoskope man gezeichnet und dann auch mit den Ereignissen des Lebens verglichen hat, umso mehr beginnen diese Skizzen „zu sprechen" und geben dann verschiedene Auskünfte. Es sind insgesamt fünf Aussagebereiche gegeben, derentwegen in der Regel astrologische Beratungen erfolgen. Was kann man aus einem Horoskop herauslesen?

1. Die Struktur des Charakters mit den verschiedenen Neigungen, weiters die Beziehungen und die Einstellung zur Umwelt und das ganze Verhalten. Kurz gesagt: eine allgemeine Charakteristik.
2. In der Erziehungsberatung kann ein Horoskop wertvolle Hilfe gewähren. Denn es läßt sich in der Abstimmung mit den Horoskopen der Eltern oder sonstiger Bezugspersonen genau ersehen, wem der Schwerpunkt der Erziehung zufällt. Hier können ganz präzise Ratschläge für das Verhalten gegeben werden.
3. Unter Berücksichtigung des Bildungsgrades – der als solcher aus dem Horoskop nicht ersichtlich ist! – und auch anderer Faktoren findet man Hinweise bezüglich der Berufsneigungen. Allerdings muß man hier sehr vorsichtig sein, denn es spielen ja viele andere Lebensumstände auch eine gewichtige Rolle. Aussagen müssen hier alle Eventualitäten einbeziehen.
4. Einigermaßen sicher sind die Aussagen bezüglich einer Partnerschaft, wenn man die jeweiligen Horoskope miteinander vergleicht. Deutlich zeigen sich da die Tendenzen, wie sich zwei Menschen verstehen können, auf welchen Gebieten sie miteinander harmonieren oder auch nicht. Gefahren einer Trennung sind ersichtlich, auch die gegenseitigen Bedrückungen und Belastungen. Natürlich sind auch hier die Aussagen mit allerhöchster Verantwortung belastet, denn es kann allergrößtes Unheil auslösen, wenn man zum Beispiel bei Krisensituationen so „locker" eine Trennung empfiehlt. Noch viel gefährlicher ist es, wenn Zweifel gesät wird an der Treue eines Partners.

5. Das wohl umstrittenste Gebiet der Astrologie umfaßt die Prognosen. Hier muß aus den Bereichen der Wissenschaft eine klare Aussage gemacht werden, die dann jeden Zweifel beseitigt.

Es gibt, wie die Kybernetik lehrt, viele Systeme. In einem mechanischen System dominiert die Kausalität, bei einem Mechanismus gilt die Formel hier actio, hier reactio. Ganz anders verhält es sich in einem organischen oder probabilistischen System. Denn dort kann man Auswirkungen immer nur im Rahmen einer statistischen Wahrscheinlichkeit erwarten.

Nun ist die Wechselwirkung Kosmos – Bios nicht, wie man früher angenommen hat, ein mechanisches System. Die Astronomie ist dank riesiger Weltraumteleskope in die unendlichen Weiten des Weltalls vorgedrungen. Mit der Rückendeckung der Relativitätstheorie konnte die Struktur des Weltalls, seine Entstehungsgeschichte, seine Ausdehnung und die sogenannte Raumzeit immer anschaulicher gemacht werden. Sterne, ganze Galaxien entstehen, wachsen, reifen und sterben wieder ab. Das alles hat zu der Überzeugung geführt, daß hier nicht alles rein mechanisch zu deuten ist, daß vielmehr der ganze Kosmos als ein sich ständig wandelnder Organismus aufzufassen ist.

Folglich aber kann es in der Astrologie niemals möglich sein, eine Reihe von Ereignissen mit Bestimmtheit vorauszusagen. Vielmehr gelten hier immer die Grundregeln, wonach eben eine Wahrscheinlichkeit gegeben ist, die man eventuell sogar in Prozenten ausdrücken kann.

Damit aber sind die Behauptungen, dieser oder jene könnten aus den Sternen genau vorhersagen, was sich einmal ereignen wird, einfach nicht richtig. Niemand kann das, und niemand hat das jemals gekonnt. Die lächerlichen Selbstanpreisungen von Sterndeutern und Sterndeuterinnen sind schuld an dem schlechten Image der Astrologie.

Was nun das Erkennen der Charakterstruktur betrifft, so dient das Horoskop selbstverständlich in erster Linie der Selbsterkenntnis. Man kann, wenn man sich immer wieder mit dem Aufbau des eigenen Geburtshoroskopes beschäftigt, mit Sicherheit viele Anhaltspunkte gewinnen, warum im Leben dieses oder jenes so verlaufen ist und warum man den Lebensweg so und nicht anders gegangen ist. Solch eine Selbsterkenntnis kann ein überaus wertvoller Behelf sein, um Lebenskrisen aller Art zu bewältigen und in kritischen Situationen dann auch die richtigen Entscheidungen treffen zu können.

Die innere Uhr

Erst in der ganz letzten Zeit haben Biologie und Anthropologie in Zusammenarbeit mit der Medizin ein ganz großes, vielleicht sogar das allerwichtigste Rätsel bezüglich der schicksalsmäßigen Einflüsse auf das menschliche Leben lösen können. Es ging dieser Lösung ein jahrzehntelanges Suchen voraus, das immer wieder zur totalen Entmutigung geführt hat. Man suchte die „innere Uhr" des Menschen, jenen Zeitgeber also, der verantwortlich ist für die großen und kleinen rhythmischen Ereignisse in jedem Leben. Warum hört das Knochenwachstum gegen Ende des zwanzigsten Lebensjahres plötzlich auf? Warum schalten sich in der ersten Hälfte des zweiten Lebensjahrzehntes normalerweise die Sexualdrüsen in das ganze Orchester der inneren Sekretion ein? Was bestimmt bei den Frauen das Aufhören der Menstruationsblutungen in den Wechseljahren? Was bestimmt das Tempo der anabolischen und katabolischen Prozesse?

Mit diesen Fragen wandte man sich immer mehr einem Spezialgebiet der medizinischen Forschung zu, der sogenannten Chronobiologie. Man wollte herausbekommen, inwieweit der Mensch abhängig ist von Einflüssen, die durch Jahreszeit, Tag und Nachtrhythmus, Klimaveränderungen und anderen Umständen entstehen. Zu diesem Zweck wurden tief unter der Erdoberfläche Bleikammern gebaut, geräumig und mit allen Erfordernissen versehen. Und für kurze Zeit, aber auch mitunter über viele Wochen lebten nun Menschen jeden Alters in solchen abgeschirmten Räumen und wurden genauesten Prüfungen unterzogen. Es wurde alles gemessen, die Vielzahl der Stoffwechselreaktionen und auch das ganze psychische Verhalten. Man versuchte jene Rhythmen zu isolieren, die offenbar in jedem Menschen vorhanden und unabhängig sind von der Außenwelt.

Um es klipp und klar zu sagen: Es ist bei all diesen Versuchen wohl eine Reihe von Rhythmen gefunden worden (das Ganze hat mit den im Handel befindlichen Biorhythmusgeräten nichts zu tun!), doch konnte keine Erklärung über deren Sitz gefunden werden.

Wenn nun die Astrologie behauptet, der ganze Stoffwechsel und die ganze genetische Anlage würde im Augenblick der Geburt durch die Rhythmen der elektromagnetischen Felder geprägt, so war dies die längste Zeit eine Hypothese wie jede andere auch. Beweisen konnte man das alles nicht, man stützte sich eben nur auf Erfahrungen.

Daß der Kosmos auf das irdische Leben in der vielfältigsten Weise einwirkt, wurde ja niemals bezweifelt. Jeder Mensch braucht ja bloß den Schlaf- und Wachrhythmus an sich selbst beobachten, das Verlangen zum Beispiel, im Winter länger zu schlafen, und das leichtere Aufstehen in den Sommermonaten. Daß die Medizin mit unzähligen Beispielen aufwarten kann, steht in den Lehrbüchern. Zum Beispiel treten Magengeschwüre mit einer bestimmten Frühjahrs- und Herbstrhythmik auf, manche Krankheiten zeigen eine deutliche Saisonabhängigkeit.

Doch wieso?

Ein bestimmter Anhang des Gehirnes, die Epiphyse, auch Zirbeldrüse genannt (in der Fachsprache corpus pineale), stand schon seit Jahrzehnten im Verdacht, zumindest teilweise in der Empfänglichkeit für Rhythmen eine Rolle zu spielen. Entwicklungsgeschichtlich lassen sich hier weit zurückreichende Zusammenhänge erkennen. Ein Hormon, Melatonin genannt, gibt hier die Erregungen der Epiphyse weiter.

Die Epiphyse bildet sich beim Menschen schon im ersten Lebensjahrzehnt ein wenig zurück, ihr Einfluß bleibt aber lebenslang bestehen. Über andere Gehirnteile reguliert sie das ganze vegetative System und damit alle Stoffwechselvorgänge mit.

Man nimmt nun an, daß im Lauf der Entwicklungsgeschichte des Menschen vor allem durch wechselnde Stärke des Lichteinflusses bestimmte Rhythmen im Körper entstanden sind, die gleichsam angeboren sind. Denn bei den vielen diesbezüglichen Versuchen hat sich gezeigt, daß auch ohne äußere Einflüsse diese Rhythmen nachzuweisen sind. Darüber hinaus unterstehen aber alle Funktionen des Körpers auch jenen Rhythmen, denen der Mensch während des ganzen Lebens ausgesetzt ist. Und hier besteht ein Zusammenwirken verschiedener Faktoren, die letztlich zum Sitz der inneren Uhr geführt haben.

Da ist also zunächst die Pupille, die sich je nach den Lichtverhältnissen immer wieder verändert. Damit ist zum Beispiel geklärt, warum der Lichtverlust während des Winters auf den Stoffwechsel bestimmten Einfluß ausübt. Die Wechselwirkungen des Lichteinfalles verändern die Größe der Pupille und dies wird über einen langen Nervenstrang ins Zentrum des Gehirnes weitergeleitet. Empfänglich für von außen kommende Rhythmen elektromagnetischer Art ist weiters die Epiphyse, und auch diese leitet die Impulse weiter. Sie alle kommen zusammen im Gebiet des sogenannten Hypothalamus, das über der Kreuzung der Sehnerven liegt. Und durch viele Versuche wurde diese winzige Region, bestehend aus paarigen Kernen, als innere Uhr identifiziert. Es ist die Region, wo offenbar erstens die ererbten Rhythmen gespeichert sind und zweitens die während des Lebens eintreffenden Impulse diese Rhythmen irgendwie modulieren. Der hier erkannte Gehirnteil wird Nucleus supraschismaticus genannt. (Schisma ist hier die Sehnervenkreuzung, supra heißt soviel wie darüber befindlich)

Mit dem Erkennen der inneren Uhr ist aber auch der Beweis dafür geliefert, daß von außen kommende Rhythmen auf den Menschen einwirken, die sichtbaren und fühlbaren, aber auch jene, die man nicht wahrnehmen kann, also die elektromagnetischen Impulse. Die kosmischen Rhythmen haben bekanntlich eine höchst unterschiedliche Länge. Der Mondrhythmus dauert etwas länger als vier Wochen, der Sonnenrhythmus ein Jahr. Jupiter gibt seine Impulse in einem zwölfjährigen Rhythmus, Saturn in neunundzwanzig Jahren. Uranus benötigt vierundachtzig Jahre. Den Neptunrhythmus kann ein Mensch nicht voll erleben, denn er ist länger als einhundertvierzig Jahre.

Erkenne dich selbst!

Niemand kann sein Geburtshoroskop verändern, vertauschen mit einem anderen oder Korrekturen vornehmen. Jeder Mensch kommt zu einem bestimmten Zeitpunkt auf die Welt, auf den er bewußt keinen Einfluß nehmen konnte. Erfolgte seine Geburt ohne irgendwelche ärztliche Eingriffe, dann kam es eben zu den ganz natürlichen Vorgängen wie Einsetzen der Wehen, Sprung der Fruchtblase und Austreibung des Kindes. In diesem Fall hat das Schicksal selbst Regie geführt. Ganz anders verhält es sich freilich in der heutigen Zeit, wo vielfach durch irgendwelche Medikamente und Manipulationen der Zeitpunkt der Geburt verschoben werden kann.

Bis zum heutigen Tag sind diesbezügliche Folgen niemals ernstlich bedacht worden. Erst zögernd beschäftigen sich Gynäkologen mit der so ungeheuer großen Verantwortung, die sie durch Veränderung der Geburtszeit zu tragen haben. Es fehlt die Erkenntnis denjenigen, die am Bett einer Gebärenden stehen, wonach sie durch Veränderung der natürlichen Geburtszeit auch den Aszendenten und damit das Lebensschicksal des Kindes verändern. Es wird sicher einmal eine Zeit kommen, wo in jedem Kreißsaal eine Planetenuhr stehen wird und man mit einem Blick darauf versuchen wird, die bestmögliche Konstellation für eine Geburt zu bestimmen. Eine solche Planetenuhr steht in Österreich vorerst nur in der Semmelweisklinik zu Wien.

Natürlich gab und gibt es auch heute Geburten, die gezielt gelenkt wurden nach einem Blick zu den Sternen. Weil zum Teil die Eltern astrologische Kenntnisse besitzen oder der Geburtshelfer mit einem Astrologen zusammenarbeitet. Doch wie dem auch sein mag, das Endergebnis ist immer dasselbe. Der Mensch, der auf die Welt kommt, konnte dieses sein Horoskop nicht selbst wählen, er muß diese Schicksalsfügung annehmen und versuchen, das Beste daraus zu machen.

Hier bietet sich ein Vergleich an, der die ganze Situation wohl am besten darstellen kann. Man muß davon ausgehen, daß die einzelnen Planeten Kraftspender sind, jeweils in einer ganz bestimmten Weise dem Menschen helfen können, sein Leben zu gestalten. Es ist so, als habe jemand einen Stall mit verschiedenen Pferden, die unterschiedliche Qualitäten besitzen. Da wäre zum Beispiel ein Reitpferd, das mühelos weite Strecken in raschem Tempo zurücklegen kann und sich folglich in Situationen anbietet, wo man einen Ortswechsel vornehmen muß. Dann gibt es kraftvolle Pferde, die sich vor den Pflug spannen lassen und die auch bei langer Arbeit nicht ermüden. Dann wieder wird es Pferde geben, die einen Wagen ziehen können, einen guten Orientierungssinn besitzen und die sich für weite Reisen bestens eignen.

Es kommt nun darauf an, bei den entsprechenden Gelegenheiten das richtige Pferd zu wählen. Niemand wird mit dem Ackergaul ausreiten wollen, niemand ein edles Rennpferd vor den Pflug spannen. Und genau so verhält es sich mit den Planeten, die immer wieder in das Leben jedes einzelnen eingreifen und seine Stimmungen, seinen Antrieb, seine Lebensfreude, seine Leistungsfähigkeit, die Fähigkeiten, die Wirklichkeit zu erfassen und seinen ganzen Lebensrhythmus bestimmen. Weiß man um deren Einfluß, kennt man die immer wieder wechselnden Konstellationen, weiß man Bescheid über den Aufbau des eigenen Horoskops, dann ist ja alles viel leichter, viel einfacher und übersichtlicher.

Das Horoskop bietet also die Möglichkeit, die eigenen Charakteranlagen und die daraus sich entwickelten Eigenschaften besser zu verstehen und dementsprechend dann auch zu handeln. Es sollte daher jeder Mensch erstens eine exakt berechnete Skizze seines Geburtshoroskops besitzen und zweitens zumindest den Aufbau desselben verstehen. Und hierher gehört nun einmal der wichtigste Punkt im Geburtshoroskop, nämlich die Lage des Aszendenten. Für einen Kenner der Materie, der sich also lebenslang mit der Astrologie beschäftigt hat wie der Autor dieser Zeilen, der unzählige Horoskope erstellte und unzählige Menschen beraten hat, ist es einfach ganz und gar unverständlich, wie Menschen ohne diese Möglichkeit zur Selbsterkenntnis leben können. Sie gehen hier offenbar blind durchs Leben.

Was in der heutigen Zeit üblich ist, was praktiziert wird, ist die sogenannte Sonnenstandastrologie. Sie besagt, in welchem Tierkreiszeichen zur Zeit der Geburt die Sonne stand. Am fünfzehnten August zum Beispiel steht sie im Tierkreiszeichen des Löwen, daher fühlt sich eine Person, die an diesem Tag Geburtstag hat, als Löwe. Und wer am zehnten Jänner geboren ist, gilt als Steinbock. Mehr und mehr Menschen beschäftigen sich mit dieser Art Astrologie und machen dabei oft die erstaunlichen Feststellungen, daß so mancherlei stimmt, was da in einschlägigen Büchern zu lesen ist. Um wieviel mehr allerdings würden sie Übereinstimmungen finden, wenn sie sich auch mit den anderen Elementen des Horoskops beschäftigen würden, allen voran mit dem Aszendenten.

Die Sonnenstandastrologie vermag etwa zehn Prozent richtige Aussagen zu machen. Was unter „Horoskop" oder „Deine Sterne" in so vielen Zeitungen publiziert wird, ist reine Sonnenstandastrologie. Wobei allerdings immer dann, wenn diese Rubriken von Astrologen geschrieben werden, zumindest ein wenig auf den Lauf der Planeten auch Rücksicht genommen wird. Damit lassen sich daher mitunter auch recht gute Aussagen machen, immer natürlich mit Hinweisen auf die Wahrscheinlichkeiten und niemals mit Aussagen, die als Sicherheit gelten sollen.

Wer sich mit dem eigenen Horoskop beschäftigt, ein Vorgang, der entfernt an die Psychoanalyse erinnert, nur wesentlich zielführender ist, der macht bald – wenn ihm ein erfahrener Astrologe oder eine erfahrene Astrologin die Struktur des Horoskops erläutert – eine schier unheimliche Entdeckung. Daß nämlich weitaus den größten Einfluß im Leben jener Planet ausübt, der den Aszendenten beherrscht. In der Sprache der Astrologie wird dieser Planet der „Geburtsgebieter" genannt, in der englischen – amerikanischen Literatur der Ruler (Herrscher).

Der Herr der Geburt

Die klassische, auf eine jahrtausendalte Tradition pochende Astrologie lehrt, daß zu jedem Tierkreiszeichen ein Planet gehört, der in diesem Zeichen am stärksten und vor allem vorteilhaft wirkt. Man sagt auch, der Planet steht dann in seinem eigenen Zeichen. Das hier gültige Schema lautet :

WIDDER	MARS
STIER	VENUS
ZWILLINGE	MERKUR
KREBS	MOND
LÖWE	SONNE
JUNGFRAU	MERKUR
WAAGE	VENUS
SKORPION	MARS
SCHÜTZE	JUPITER
STEINBOCK	SATURN
WASSERMANN	URANUS und SATURN
FISCHE	NEPTUN und JUPITER

Der Aszendent in einem Horsokop zeigt, innerhalb welchem Bereich sich die Beziehungen zur Umwelt gestalten, wie der Mensch mit seiner Einstellung durchs Leben geht und die Beziehungen zur Umwelt aufbaut und aufrecht erhält. Die dazu notwendige Kraft des dazugehörenden Planeten kann nun diese ganze Wechselbeziehung zwischen dem eigenen Ich und der umgebenden Umwelt wesentlich beeinflussen. Dieser Planet spielt im Laufe des ganzen Lebens die allergrößte Rolle. Er wird „Geburtsgebieter“, „Herr der Geburt“, „Stern des Lebens“ oder (Englisch) „Ruler“ genannt. Er ist mit aller Nüchternheit betrachtet, weitgehend für das ganze Lebensschicksal verantwortlich. In aller Deutlichkeit gesagt, muß man sich lebenslang damit abfinden, daß man einen entweder sehr gut gut gestellten, einen mehr oder weniger nicht sehr gut postierten oder aber sogar einen ungünstig stehenden Geburtsgebieter hat.

Es gibt bekanntlich zwölf Tierkreiszeichen, und daher kann der Herr der Geburt, der Geburtsgebieter, in je einem der Tierkreiszeichen stehen. Er hat mit dem Sonnenzeichen nichts zu tun, es ist immer wieder erstaunlich, daß man sich so wenig Rechenschaft darüber gibt, wo denn eigentlich der Geburtsgebieter im Horoskop steht, welche Aspekte er empfängt und wie er in dem betreffenden Haus, in dem er sich befindet, zur Wirkung kommt. Das freilich gehört bereits zu den Spezialkenntnissen der Astrologie und ist dem Laien zumeist ganz unverständlich.

Wer sich hier lange genug mit der Astrologie beschäftigt hat, wer das Schicksal vieler Menschen verfolgen konnte, wird immer wieder die Erkenntnis gewonnen haben, daß eben der Geburtsgebieter eigentlich die größte Verantwortung für das Leben trägt und es schließlich doch nachdenklich macht, daß jeder Mensch von Anfang an eine bestimmte Prägung erhält. Ob man nun will oder nicht, mit diesem „Stern" muß man im Leben zurechtkommen. Mit diesem einen Planetenprinzip muß man vor allem versuchen, die Lebensschwierigkeiten zu meistern.

Alle Aspekte, die den Geburtsgebieter treffen, können ganz außerordentliche Veränderungen bringen. Immer wieder formieren sich die Himmelskräfte erneut und ziehen dann auch diesen Stern der Geburt in ihr Walten. Und das wirkt sich dann wesentlich auf die Stimmung und den Antrieb, auf Interessen, Veränderungswünsche und Erkenntnisse der umgebenden Realität aus.

Wenn jemand seinen Aszendenten nicht kennt, dann weiß er auch nicht, welches Planetenprinzip das eigene Leben steuert. Und damit geht die Möglichkeit verloren, die verschiedenen Schicksalsfügungen zu verstehen und mit ihnen fertig zu werden. Wer aber sein eigenes Horoskop kennt und einigermaßen versteht, der hat damit auch die Möglichkeit, die Gezeiten im Wechsel der Realitäten besser zu begreifen. Es kann dann auf dem Lebensweg sehr viele Möglichkeiten geben, Schwierigkeiten zu meistern.

Es wird jetzt aber auch verständlich, warum seitens verantwortungsbewußter Astrologen doch immer wieder behauptet wird, man solle bei Geburten, wo der Geburtshelfer die freie Zeitwahl hat – und das ist bei bestimmten Kaiserschnittgeburten der Fall –, darauf achten, daß der Mensch mit einem möglichst gutgestellten Geburtsgebieter zur Welt kommt. Dergleichen Ansinnen an Geburtshelfer wird zumindest jetzt noch, im letzten Jahrzehnt dieses Jahrhunderts, fast immer zurückgewiesen. Denn sie verstehen ja nichts von Astrologie und wollen davon auch nichts verstehen. Denn würden sie von Astrologie viel verstehen, käme ihnen ja die ungeheure Verantwortung zum Bewußtsein, die sie tragen müßten bei jeder einzelnen Geburt. Eben durch Einfluß auf den Geburtsaugenblick und damit Fixierung eines bestimmten Aszendenten.

Jener Wahlspruch einer ungarischen Grafenfamilie wird damit verständlich. „Bona sors, nihil aliud"! Man braucht ein gutes Schicksal, sonst nichts. Und dieses Schicksal ist gut gewählt durch einen guten Geburtsgebieter. Die Eltern könnten, wenn astrologiekundig, bei der Geburt eines Kindes vielleicht Einfluß nehmen und ersuchen, das Kind unter gutem Stern auf die Welt zu bringen. Verschiebungen der Geburtszeit sind in der heutigen Zeit mit verschiedenen Medikamenten, ohne die Frau zu schädigen ohneweiters möglich.

Man sollte die Forderung erheben können, daß jeder Mensch genau Bescheid weiß, erstens in welchem Sonnenzeichen, dann mit welchem Aszendenten er geboren wurde. Weiters aber auch in welchem Haus und in welchem Zeichen der Geburtsgebieter steht. Im fernen Osten, in Japan, müssen die Kinder, wenn sie zur Schule gehen, dem Lehrer das gezeichnete Geburtshoroskop bringen. Es ist in vielen östlichen Ländern eine Selbstverständlichkeit, diesbezügliches Wissen zu pflegen. Warum dies in einer Zeit, wo in jeder Buchhandlung Gestirnstabellen erhältlich sind und durch den Einsatz von Computern billigst jeder in den Besitz einer exakt verrechneten Geburtsskizze kommen kann, nicht möglich ist, zumindest ein Grundwissen allen zu empfehlen, ist schwer zu verstehen. Es kann jeder doch nur davon profitieren, wenn er seinen eigenen Geburtsgebieter kennt!

Prinzipien der Veränderung

Die Entdeckung der Planeten, der ständigen Ortsveränderungen dieser Wandelsterne im gestirnten Himmel, war gewiß eine der größten Leistungen des Menschengeschlechtes in der vorgeschichtlichen Zeit. Als dann im Zweistromland eines Tages sozusagen eine komplette Himmelskunde für die damalige Zeit vorlag, war dies nur möglich geworden durch die Betrachtung des Himmels von verschiedenen weisen Personen mit höchster Einfühlbarkeit durch viele Jahrtausende zuvor!

Während also die Fixsterne scheinbar unverrückbar am Himmel leuchten, wandern die Planeten durch den Tierkreis, einer bestimmten Himmelsebene. Man nennt sie aber auch deswegen Wandelsterne, weil sie die Ursache des ständigen Wandels der Zeitqualität sind. Und hier wird man eine genaue Unterscheidung treffen müssen:

Die Zeit kann man bekanntlich nach der Quantität messen, also nach Sekunden, Minuten, Stunden, Tagen, Jahren, Jahrhunderten und Jahrtausenden. Doch die Zeit besitzt auch eine *Qualität,* eine Feinstruktur. Immer wieder ändern sich Ansichten, Stimmungen, immer wieder erleben die Menschen und mit ihnen die ganze Natur neue Impulse und verlangen eine neue Anpassung an die sich immer wieder ändernden Wirklichkeiten.

Wie nun reagiert der Mensch auf diesen Wandel der Zeitqualität, auf die Tatsache, daß der Lebensweg immer wieder durch neue Landschaften führt, immer wieder sich ändert und daher immer neue Anstrengungen notwendig sind?

Jeder Mensch bekommt seine kosmische Prägung bei der Geburt, und aus dem Horoskop kann man zunächst einmal den bereits erwähnten Geburtsgebieter herauslesen, dann aber auch die ganze Quantität und Qualität der Reaktionsbereitschaft und des ganzen Handelns, des Energieeinsatzes und der Arbeit.

Hier lehrt die Astrologie die aus den Erfahrungen gemachte Erkenntnis, daß es drei Kategorien von Tierkreiszeichen gibt, nämlich die cardinalen, die fixen und die beweglichen Abschnitte.

Cardinal, das heißt verändernd in die Umwelt eingreifen, den Wechsel der Wirklichkeiten aktiv bewältigen wollen. *Fix* oder *stabil* heißt mehr oder weniger in einer Art Ruhestellung verharren, die Dinge beobachten, an sich herankommen lassen und erst dann, wenn die Notwendigkeiten gegeben sind, zu reagieren. *Labil* oder *beweglich* bedeutet reagieren, von den Wirklichkeiten immer wieder bewegt zu werden, unter Umständen sogar von Kleinigkeiten ohne Bedeutung. Vielfach wird das eigene Handeln von der Umwelt bestimmt, ohne Widerspruch und ohne Abänderungen.

Die Cardinalzeichen sind Widder, Krebs, Waage und Steinbock.

Die fixen Zeichen sind Stier, Löwe, Skorpion und Wassermann.

Die labilen Zeichen sind Zwillinge, Jungfrau, Schütze und Fische.

In einer ganz einfachen Weise kann man nun aus dem Horoskop sofort die ganze Qualität des Handelns herauslesen, indem man die Verteilung der Planeten im Geburtsbild betrachtet. Stehen viele Planeten in einem Cardinalzeichen, dann handelt es sich um eine Charakterbildung, die ununterbrochen zu einem aktiven Handeln drängt. Sind die fixen Zeichen stärker besetzt, wird der Betreffende durch seine konservative Einstellung und auch Gelassenheit imponieren, wenn eine positive Deutung erkennbar ist. Negativ bewertet resultiert daraus eine gewisse Trägheit. Und wenn die beweglichen Zeichen stärker besetzt sind, dann sind dies zumeist sehr unruhige Menschen, die sich vieler Angelegenheiten annehmen, durch alle möglichen Umwelteinflüsse angeregt und erregt werden.

Womit verständlich wird, warum die Kenntnisse des eigenen Geburtsbildes die Möglichkeit bieten, auf dem Lebensweg richtig zu reagieren und somit auch das eigene Tun zu bestimmen. Weiß man um die Besetzung der Tierkreiszeichen, weiß man genau, welche Kräfte zur Verfügung stehen, dann kann es doch nicht so schwer sein, die ganze Einstellung zum Leben danach auszurichten. Warum von kühnen Abenteuern träumen, wenn das Horoskop überwertig den Einfluß fixer Zeichen zeigt? Warum sich ständig zu einer geruhsamen Beschäftigung zwingen, wenn die Cardinalzeichen überwiegen? Warum viel Kraft vergeuden, wenn man dank labiler Einflüsse eher alles herankommen lassen soll?

Daher kann man allein aus der Verteilung der Planeten in den Tierkreiszeichen eine gewisse Richtlinie für die Berufswahl erkennen, man kann Ratschläge geben, wie man das eigene Temperament in Einklang bringen könnte zur Realität. Wer die Grundstruktur seines Horoskopes kennt, kann leichter sein eigenes Handeln bestimmen.

Natürlich ist es in der überwiegenden Mehrzahl der Fälle so, daß ganz ausgeprägte Typen von Temperamenten eher selten sind. Sie ereignen sich nur bei ganz großen Konjunktionen und sind eigentlich nicht als sehr günstig zu bewerten. Viel häufiger sind die Mischtypen, wonach eben die Planeten einigermaßen gleichmäßig verteilt sind und daher diese Menschen von allem etwas mitbekommen haben.

Man ist teilweise aktiv, teilweise abwartend und teilweise rasch reagierend. Das ist wohl immer nützlich im Leben, doch gibt es bei der völlig gleichmäßigen Verteilung immer einen Hauptakzent. Und das ist die Qualität des Geburtsgebieters.

Steht dieser im cardinalen Zeichen, dann wird der Lebensweg doch mehr durch Aktivität geprägt. Ist er in einem fixen Zeichen, dann ist mehr Gleichmäßigkeit zu erwarten. Und in einem labilen Zeichen überwiegt die Reaktionsfreudigkeit, die Vielbeschäftigung, die innere Unruhe. Hier die richtigen Qualitäten in einem Horoskop zu bestimmen, erfordert natürlich Sachkenntnis, und diese haben nur jene, die sich intensiv mit der Astrologie beschäftigen. Doch für jedermann ist gewiß ein Vorteil gegeben, wenn man weiß, wie die Planetenkräfte verteilt sind und in welcher Kategorie der Geburtsgebieter seine Position innehat.

Daß im Zusammenleben der Menschen diese Qualitäten eine besondere Rolle spielen, braucht wohl nicht erörtert zu werden. Man muß sich nur einmal vorstellen können, wie etwa eine Ehe gestaltet wird, wenn beide Partner cardinal, fix oder labil betont sind. Vom Dauerlärm bis zur angenehmen ständigen Ruhe reichen hier die vielen im Leben erkennbaren Variationen.

Die Transite

Der größte Teil aller astrologischen Beratungen betrifft die sogenannten Transite. Hier ist tatsächlich die Möglichkeit gegeben, die kosmobiologische Determinierung, die Vorausbestimmung durch die kosmische Prägung bei der Geburt zu nützen, sich ihrer zu bedienen und damit das Schicksal selbst in die Hand zu nehmen.

Die Sterne, besser gesagt die Planeten, ihre Verteilung im Tierkreis, ihre Aspekte untereinander sind ja nicht starr und unbeweglich. Das Gegenteil ist der Fall, alles ist in einer ununterbrochenen Bewegung begriffen, das Himmelsbild ändert sich ständig und bildet immer neue Figuren. In einer bestimmten Zeit legt jeder Planet den ganzen Weg durch den Tierkreis zurück, das ist seine Umlaufszeit. Bei der Sonne ist dies bekanntlich ein Jahr, beim Mond etwas mehr als achtundzwanzig Tage, beim Mars länger als zwei Jahre und beim Jupiter beträgt sie fast zwölf Jahre.

Für das menschliche Schicksal von besonderer Bedeutung sind vor allem Saturn mit seiner Umlaufzeit von fast neunundzwanzig Jahren, Uranus mit vierundachtzig und Neptun mit einhundertvierundsechzig.

Die Planeten laufen im Tierkreis, von der Erde aus gesehen, einmal vorwärts, dann wieder vorübergehend bewegen sie sich rückwärts, und schließlich können sie auch zeitweise bei der Umkehr stillstehen. Und bei ihrem Lauf nun können sie über den Platz von Planeten, die im Geburtshoroskop an bestimmter Stelle stehen, hinwegwandern, und dies nennt man einen Transit (lat. transire = darüberschreiten). Es können aber auch die laufenden Planeten untereinander bestimmte Aspekte bilden, die wiederum zu irgendeinem Punkt im Horoskop Beziehungen haben.

Diese Transite kann man genau berechnen, mit einem Blick in die Ephemeriden (das sind Gestirnstabellen, die jährlich erscheinen, aber auch in Form von Sammelbänden in den Handel kommen!) kann man erkennen, wann sich solche Transite ereignen und wie lange sie dauern.

Von ganz besonderer Bedeutung sind hier vor allem die Transite des Saturns, weil diese immer wieder sich als sehr schicksalsbestimmend erweisen. Hierher gehören ganz besonders die Übergänge des Saturns über die Himmelsmitte, über den Aszendenten und dessen Gegenzeichen. Es kommt hier zumeist zu einer Art Korrektur des Lebensweges, es kann eine bestimmte Laufbahn ganz plötzlich ihr Ende finden, eine Ehe in Brüche gehen oder eine berufliche Tätigkeit gestört werden. Saturntransite kommen nicht irgendwie aus dem Nichts, sie haben fast immer lange zurückliegende Ursachen wie ungelöste Probleme, falsches Handeln in irgendeiner Form oder falsche Einstellung zur Umwelt. Mit einem Schlag können da die verschiedenen Ursachen sozusagen sichtbar werden und Anlaß zu großem Kummer sein.

Jupiteraspekte wiederum können Vorteile und sogar unverhoffte Glücksfälle bringen. Sie haben aber auch in der Mehrzahl der Fälle erkennbare Ursachen. Wenn jemand zum Beispiel dank guter Jupitereinflüsse mehr Antrieb erkennen läßt, sich freundlicher zur Umwelt einstellt, sich mehr bemüht und sich nach allen Seiten hin engagiert, dann ist es verständlich, daß zum Beispiel eine Begegnung nunmehr eine große Rolle spielt (weil man Bereitschaft zeigt) oder eine berufliche Verbesserung eintritt. Jupiter kann also etwas bringen, so lautet eine alte astrologische Weisheit, man kann zumeist von ihm und seinem Transit einiges erwarten, was die Lebensfreude steigert.

Von ganz großer Bedeutung sind auch die Einflüsse der „Götter der Verwandlung", des Uranus und des Neptun. Hier können sich zum Beispiel plötzlich auftretende Veränderungswünsche größte Unruhe schaffen, wenn Uranus an wichtiger Stelle transitiert, oder durch Neptun bedingt kann es zu einer ganzen Serie von falschen Reaktionen kommen, weil man Umwelt nicht richtig beurteilen konnte.

Auf Transite kann man sich einstellen. Wenn der Saturn plagt, und man weiß auch, wann dies begonnen hat, wie lange es dauern wird, dann kann man ja durch vermehrte Aktivität und vor allem durch Einsicht gegensteuern. Man kann durch Analyse der verschiedenen Umstände eine kritische Situation klären und dann natürlich auch alles viel besser in den Griff bekommen.

Transite helfen aber auch sehr oft, wenn es gilt, bestimmte Entscheidungen zu treffen. Viele Menschen suchen Astrologen auf, weil sie nicht wissen, was sie jetzt in einer bestimmten Situation machen sollen. Sie lassen sich dann zumeist die verschiedenen Möglichkeiten erklären und fühlen sich letztlich bestärkt in dem Vorhaben, das sie ohnedies bereits hatten. Transite geben die Möglichkeit, auf lange Sicht zu planen, und sie geben auch das Wichtigste, nämlich das Wissen um eine „GUTE STUNDE".

Astrologie ist nun einmal die Lehre von der Qualität der Zeit. Und schon Salomon hat gesagt: „Ein jedes Ding hat seine Zeit, ein jedes Ding hat seine Stunde". Mit einem Blick in die Ephemeriden kann gesagt werden, wann etwa für eine bestimmte Handlung die Zeit besonders günstig ist.

„Der Strom der menschlichen Geschäfte wechselt, nimmt man die Flut wahr, führt sie uns zum Glück!"

So heißt es im fünften Akt „Julius Cäsar" von Shakespeare, und dies ist wohl das schönste Bekenntnis zur Zeitqualität. Wenn man sich eine gute Stunde berechnen läßt und diese dann auch zu nützen versteht, dann kann ein ganz bestimmtes Unternehmen tatsächlich zu gutem Erfolg führen.

In jedem Fall aber ist die Kenntnis der verschiedenen Transite immer ein wertvoller Behelf, um auf allen Lebenswegen die verschiedenen Veränderungen der Wirklichkeit besser zu verstehen und sich besser an sie anzupassen. Weiß man, daß jetzt der Sturm daherfegen wird, dann wird man sich wetterfest kleiden und sich mit einem Stock eine Stütze geben gegen die Sturmesgewalt. Und wenn Jupiter Leichtigkeit und Freude schenkt, dann sollte man diese auch restlos ausleben und auch andere daran teilnehmen lassen.

Transite sind auch leicht verständlich. Bei den astrologischen Beratungen ist es niemals sehr schwer, die verschiedenen Auswirkungen eines Transites jemandem verständlich zu machen, ihm auch ganz konkrete Anweisungen zu deren Nutzen zu geben.

Die Einteilung des Lebens

Es war der berühmte Astronom und Astrologe Ptolemäus, der im ersten Jahrhundert nach Christus ein vielbeachtetes und heute noch lesenswertes Buch über die kosmischen Einflüsse schrieb. In diesem deutet er erstmalig auf die sogenannten Planetenperioden im Laufe des Lebens hin. Er teilte das Leben in sieben ganz ungleiche Teile, und dieses Schema hat er sicher übernommen aus dem ganzen Erfahrungsschatz der Menschheit. Es haben ja schon Jahrtausende vor ihm Seher und Priester Beobachtungen angestellt zwischen kosmischen Ereignissen und menschlichen Schicksalen.

Ptolemäus teilt das Leben in sieben Abschnitte, die jeweils von einem der sieben klassischen Planeten beherrscht werden. Es muß hier nebenbei erwähnt werden, daß Sonne und Mond in der Sprache der Astrologen als Planeten gelten, weil sie scheinbar um die Erde kreisen. De facto ist die Sonne selbstverständlich ein Fixstern, und der Mond ein irdischer Trabant.

Diese sieben Planetenperioden lassen erkennen, warum das Leben eines Menschen niemals gleichmäßig ablaufen kann. Die so oft beobachteten jähen Veränderungen, der Wechsel im ganzen Befinden, die Aktivität im Laufe des Lebens mit all ihren Folgen, das alles unterliegt immer wieder ganz großen Schwankungen.

Die Einteilung des Lebens nach diesen Planetenperioden sieht so aus:

LEBENSJAHR	PLANET
1 bis 6	MOND
7 bis 14	MERKUR
15 bis 24	VENUS
25 bis 42	SONNE
43 bis 56	MARS
57 bis 70	JUPITER
71 bis Lebensende	SATURN

Ganz einfach gesagt ist zunächst die Entwicklung eines Kindes in den ersten sechs Lebensjahren vom Mond mit magischem Empfinden geprägt, daher auch die Vorliebe für Märchen, für die belebte Umwelt mit ihren Phantasiegestalten. Das Kind lebt noch rein vegetativ, in ständiger automatischer Anstrengung, sich an die Umwelt anzupassen. Vegetativ leben heißt, mit Hilfe des vegetativen Systems (der Einheit von Drüsen und Nervengeflechten) ohne tiefes Bewußtsein und gedankliches Verwerten der Wahrnehmungen auf die Umwelt reagieren.

Die Merkurperiode öffnet den Weg zum Lernen, zum Erfassen eines möglichst großen Wissens. Daher hat man die Schulpflicht dieser Periode dem Merkurprinzip angepaßt. In diesen knapp acht Jahren erfolgen die größten geistigen Bemühungen und schaffen damit die Grundlage eines Gesamtwissens.

Die Venusperiode ist mit der Pubertät und deren Auswirkungen verbunden, der Mensch drängt weg von den Eltern und erlebt zum ersten Mal das DU als Partner. Hier erfolgen die ersten Beziehungen zum anderen Geschlecht, und sehr oft legt sich hier auch tief in die Seele eine Art Wunschvorstellung, die von den Psychologen die Anima genannt wird. Jenes Urbild sozusagen eines Lebenspartners, der den eigenen Charakterprägungen entspricht. Man sucht also einen Partner, der einem tief verborgenen Wunschbild entspricht, und dieses Suchen sollte eigentlich mit dem vierundzwanzigsten Lebensjahr abgeschlossen sein. Die ewig Herumstreunenden auf der Suche nach einem „richtigen Partner“ bis ins hohe Alter haben fast immer ein total gestörtes Venusprinzip.

Die Sonnenperiode bestimmt das Berufsleben, sie fördert den Aufstieg sozusagen zur selbstbewußten Persönlichkeit mit eigener Verantwortung. Und nach dem zweiundvierzigsten Lebensjahr steuert der Mars die Tätigkeit in der ganzen Öffentlichkeit, hier kann man je nach Veranlagung auf der sozialen Leiter weit emporklettern.

Jupiter schenkt denjenigen, die Wissen und Verantwortung besitzen, zwölf Jahre lang so etwas wie echtes Glück, denn Jupiter gibt im Alter Weisheit. Hier können die Menschen sozusagen die Früchte ihrer Bemühungen ernten, und eine Jupiterperiode kann das ganze Altern in einem positiven Sinne verzaubern.

Saturn schließlich, in der Sprache der alten Astrologen „Herr der Zeit“ genannt, beschließt den Lebensweg, von seiner Stellung im Geburtshoroskop hängt es weitgehend ab, wie dieses letzte Stück des Lebensweges zurückgelegt werden kann.

Nun haben alle Planeten in einem Horoskop eine bestimmte Wertigkeit. Man nennt dies in der Sprache der Astrologen den „kosmischen Zustand“ eines Planeten. Er hängt davon ab, erstens in welchem Tierkreiszeichen der Planet steht und zweitens welche Aspekte er von anderen Planeten empfängt. Es gibt solche Aspekte, die Spannungen zeigen, andere wiederum begünstigen die jeweilige Position und verstärken, verbessern sie sogar.

Die jeweilige Lebensperiode eines Menschen wird daher in einem oft erstaunlichen Ausmaß vom kosmischen Zustand des Planeten bestimmt, der eben diesem Zeitabschnitt zugeordnet ist. Ist der Mond durch üble Aspekte verletzt, kann es vorkommen, daß ein Kind in den ersten sechs Lebensjahren gesundheitlich immer wieder gefährdet ist oder durch ungünstige Lebensverhältnisse die Entwicklung Störungen erfährt. Eine überaus gut gestellte Sonne aber kann zum Beispiel nach dem vierundzwanzigsten Lebensjahr einen glanzvollen Aufstieg bringen, der zu Erfolgen und hohem Ansehen führt.

Eine von gut plaziertem Saturn geprägte Lebensperiode kann den Ausgang des irdischen Daseins in jeder Weise erträglich machen, während das Gegenteil all das Leid bringen wird, das nun einmal das Saturnprinzip für einen Menschen bereit hält.

Beispiele gibt es hier viele, sie werden vom Leben geschrieben, und die Kenntnis der Planetenperioden gibt dem Menschen die Möglichkeit, das eigene Leben besser zu verstehen. Diese Erkenntnis ermöglicht dann das Einteilen der jeweiligen Anstrengungen im Leben und deren Einsatz zu richtigem Zeitpunkt. Wenn man weiß, daß im Geburtshoroskop der Mars bestens gestellt ist, dann wird man sich in den betreffenden Jahren der Marsperiode besonders anstrengen müssen, um Spitzenleistungen zu erbringen.

Die Planetenperioden aber lehren, warum das Leben niemals bequem sein kann, warum der Mensch immer wieder mit Veränderungen zu kämpfen hat und der Lebensweg einmal steinig und steil, dann wiederum glatt und wenig anstrengend ist. Kennt man die Qualitäten der eigenen Lebensperioden, dann kann die so oft gestellte Frage leicht beantwortet werden: „Wie wird das Leben jetzt weitergehen, was habe ich zu erwarten?“ Und das Wissen um diese Veränderungen ist wertvollste Lebenshilfe. Man kann mit einem Blick auf die Planetenperioden die Gezeiten im eigenen Leben zumindest in ihrer Struktur erkennen.

Die große Korrektur

In einem seiner Bücher schrieb einst der Schweizer Astrologe Dr. Alfred Fankhauser über die Bedeutung der Partnerschaft. Wörtlich führte er aus, daß jeder, der sich intensiv mit der Astrologie beschäftigt, früher oder später eine „unheimliche" Entdeckung macht. Daß nämlich im Falle irgendeiner Partnerschaft die Sterne im Horoskop des einen im Horoskop des anderen zu wirken beginnen.

Man kann diese Aussage, die sich ja in der astrologischen Praxis immer wieder bestätigen läßt, nicht wichtig genug nehmen. Sie ist der klare Hinweis, unmißverständlich, daß es gelingen kann, den ganzen Aufbau des eigenen Geburtshoroskopes, das man ja annehmen muß, zu verändern.

In der Gegenwart sind diesbezüglich längst von der Wissenschaft Beweise geliefert worden, daß bei der Partnerschaft von Menschen die jeweiligen elektromagnetischen Felder ineinanderfließen, und dadurch Gleichklang, Anziehung oder Abstoßung hervorrufen können. Es gibt nun einmal Menschen, die man von vornherein, ehe man noch mit ihnen in Kontakt trat, ablehnt, und wiederum solche, zu den man sich hingezogen fühlt.

Was hier wirklich die Astrologie zu leisten imstande ist, wissen nur diejenigen, die aus der Praxis auf diesbezügliche Fälle hinweisen und die von Fankhauser aufgestellte These damit bestätigen können.

Ein ganz einfaches Beispiel:

Jemand hat ein mittelmäßig gutes Horoskop, die Planeten bilden kaum nennenswerte Aspekte untereinander, das zehnte Haus – signifikant für soziale Stellung, Höherkommen und Erfolg im Leben – ist leer und wird von keinem guten Aspekt getroffen.

Und nun lernt dieser Horoskopeigner jemanden kennen, der zwar *auch* keine allzu günstigen Strukturen in seinem Horoskop besitzt, doch dessen Sonne fällt gradgenau auf die Spitze des zehnten Hauses seines Partners. Es wäre dies etwa bei einem Mann, der es beruflich nicht gerade weit gebracht hat und nunmehr eine Frau kennenlernt, diese auch heiratet und mit ihr in einer ungestörten ehelichen Gemeinschaft lebt. Die Sonne der Frau bestrahlt nunmehr die Himmelsmitte des Mannes und langsam, mitunter aber auch sehr schnell beginnt nun eine Besserstellung, der Weg nach oben ist erfolgreich und bringt auch eine gesellschaftliche Anerkennung.

Das aber kann leider auch im Gegenteil der Fall sein. Ein Mann verbindet sich mit einer Frau, wo es trotz heißer Liebe und bestem Verstehen zu einem Abstieg und vielleicht sogar zu einer Katastrophe kommt.

Unendlich vielgestaltig sind diese gegenseitigen Wirkungen. Sie beginnen schon in der frühesten Kindheit durch die sogenannten Bezugspersonen, sie setzen sich fort in den Wechselwirkungen der Sterne zwischen Schüler und Lehrer, gehen über in der Pubertät in die oft nur zaghaft beginnenden Beziehungen zum anderen Geschlecht, bleiben dann lebenslang bestehen in den Ehen, Arbeitsverhältnissen und Freundschaften. In jeder Beziehung zwischen Menschen kommt es, das kann man nicht deutlich genug unterstreichen, zu einem Wirken der Horoskopelemente von einem zum anderen mit den oft unglaublichsten Auswirkungen. Man muß hier bloß verfolgen, wie zum Beispiel bei einer Firmengründung zwei Partner Gigantisches geschafft haben, wie Männer oder Frauen erfolgreich wurden, bloß weil die Sterne des Partners günstig strahlten.

Daher ist die Partnerschaftsanalyse in der Astrologie von allergrößter Wichtigkeit. Doch erfordert sie auch ein großes Verständnis und vor allem ein wirklich ganz großes Verantwortungsgefühl. Denn wie soll sich beispielsweise ein beratender Astrologe einem Liebespaar gegenüber verhalten, wenn er Trennungsaspekte sieht? In den ersten Wochen und Monaten der Liebe hört man ja nicht auf gute Ratschläge und übersieht gerne negative Faktoren. Das oberste Gebot für Astrologen gleicht dem Gebot der Ärzte, wonach man doch in erster Linie nicht schaden darf. Böse Worte merkt man sich immer, unter Umständen für das ganze Leben. Und eine astrologische Beratung kann hier viel Nutzen, aber auch viel Schaden bringen.

Aber man kann, wenn man das eigene Horoskop versteht, also damit auch die ganze eigene Kontaktfreudigkeit, bei der Partnersuche auf den richtigen Typ stoßen. Hier helfen eben erstens die Leitbilder, die jeder irgendwo verborgen in seiner Seele mit sich trägt, hier hilft aber auch eine gewisse Offenheit, das Signalisieren einer Bereitschaft für Kontakte. Wobei man auch wissen muß, daß es grundsätzlich für *jede* Partnerschaft vier Umstände gibt, die hier eine Rolle spielen.

Das gegenseitige Verstehen, Sonne zu Sonne oder Sonne zu Jupiter oder Venus schafft sozusagen eine geistige und gefühlsmäßige Ebene, die zunächst einmal zu Gesprächen, Suchen nach Gemeinsamkeiten und immer wieder neuen Begegnungen führt.

Den vegetativen Gleichklang bei den Lebensgewohnheiten und Wünschen sichern die Mondaspekte. Gleicher Mond heißt fast immer auch gleicher Lebensrhythmus, und dies allein kann schon eine recht tragfähige Basis für eine Bindung sein.

Das sexuelle Begehren wiederum, jener Zustand, wo es „eben klappt", wird durch gute Verbindungen von Mars und Venus, Uranus und Neptun gebildet, auch Jupiter kann hier sehr stark zur Wirkung kommen.

Die echte Herzensbindung aber – jene so wunderbaren Beziehungen, wo man immer bereit ist, für den anderen einzustehen – ist immer einer guten Aspektierung zwischen Jupiter und Jupiter, eventuell mit Sonne zu danken.

Hier lassen sich bei einer Partnerschaftsberatung die präzisesten Analysen erstellen, doch leider – dreimal gesagt leider – kommen diese meist zu spät. Man kommt zu einer Beratung, wenn die Ehe in Brüche gegangen ist oder die Scheidung geplant wird, die geschäftlichen Beziehungen zu einem Ruin führten oder anderes mehr. Es nützt dann wenig, wenn man nach einem Blick in die Horoskope sagen kann, es hatte ja so kommen müssen.

Auf dem Lebensweg begegnen jedem Menschen im Lauf der Lebenszeit immer wieder andere Menschen, denen man immer eine wechselnde Aufmerksamkeit entgegenbringt. Begegnungen sind Schicksal, sie erfolgen ohne Zutun. Und können, einmal erfolgt und nach den ersten Kontaktnahmen, das Leben komplett verändern. Verständnis der Astrologie aber kann mithelfen, aus solchen Begegnungen herauszulesen, ob sie günstig sind oder nicht, ob sie das Leben bereichern oder zu Hemmungen und Störungen führen. Hier hat jeder Mensch die absolut reale Chance, das eigene Horoskop zu verbessern.

Zusammenfassung

Bei der Geburt eines Menschen bilden die in diesem Augenblick im Tierkreis stehenden Planeten, ebenso das im Osten aufgehende Zeichen mit den sogenannten Häusern, ein kosmisches Kraftfeld, das nach modernen Erkenntnissen tatsächlich eine Art Prägung des menschlichen Stoffwechsels und seiner inneren Uhr bedingt und damit in einem gewissen Sinne determinierend ist. Die Skizze dieser Himmelssituation nennt man ein Horoskop. Und dieses zeigt sozusagen die Grundstruktur des Lebens und bestimmt größtenteils die Entwicklung der verschiedenen Anlagen zu Eigenschaften. Durch Kenntnis des Geburtshoroskops kann man sich einen hervorragenden Überblick verschaffen über die Himmelskräfte, die man durch diese Konstellationen bei der Geburt zur Verfügung gestellt bekam. Je mehr man das eigene Horoskop versteht, umso besser kann man sich lebenslang orientieren. Besonders wertvoll ist in diesem Zusammenhang das Walten der Transite. Durch deren Verständnis, weiters durch Partnerschaften aller Art ist es real möglich, im eigenen Horoskop Korrekturen durchzuführen. Mit den Sternen von Partnern kann man das eigene Horoskop verbessern.

Der Soziologische Faktor

REIFEN!

ENTSCHEIDEN!

VERZICHTEN!

„Die Stellung zu den Lebensaufgaben,
die immer sozialer Natur sind, bedarf zu
deren befriedigender Lösung eines entwickelten
Gemeinschaftsgefühles. Dieses gibt Aufschluß
darüber, wieweit jemand bereit ist, sein
Leben als Mitmensch zu führen."
Alfred Adler

Ausgehend von der Tatsache, daß der Bauplan des Menschen in seinen Genen verankert ist, darüber hinaus eine schier unermeßliche Zahl von Anlagen bereitliegt, um dann im Laufe des Lebens entwickelt zu werden (und dies infolge eines doch erheblichen kosmischen Wirkens), ergibt sich die logische Folgerung, daß es weitgehend von der Umwelt abhängt, welche Anlagen und mit welcher Stärke sie entwickelt werden. Daß gerade diese simpel erscheinende Tatsache Anlaß für zum Teil mit unglaublicher Wut geführte ideologische Auseinandersetzungen ist, kann als verständlich angesehen werden. Denn es kommt nun einmal der Umwelt und damit allen soziologischen Einflüssen ein gewichtiges Maß an Bedeutung zu. Wie ein Mensch erzogen wird, wie er sich einfügt in die Gesellschaft, wie diese Gesellschaft aussehen soll, ist, ganz präzise gesagt, eben Einfluß der Umwelt. Die Frage ist aber doch, in welchem Verhältnis steht die ganze Beeinflußbarkeit eines Menschen durch die Umwelt zu den durch die Gene bestimmten Lebensplan. Kann ein Mensch seinen Lebensweg gehen getreu seiner Anlagen, ohne daß die Umwelt einen wesentlichen Einfluß darauf ausüben kann? Andererseits stellt sich die Frage, ob allein durch Umwelt und Erziehung ein Mensch in seinem ganzen Verhalten geprägt werden kann.

Es war Eysenck, der – wie bereits erwähnt – nun nachgewiesen hat, daß der größte Teil dessen, wie sich ein Mensch während seines Lebens verhält, also sein jeweiliger Phänotypus, fast zu achtzig Prozent durch die genetischen Anlagen bestimmt wird. Alle Politiker linker Prägung behaupten aber das gerade Gegenteil, freilich ohne mit wissenschaftlichen Fakten aufwarten zu können. Sie sehen das Heil eines Menschen in einem möglichst alles umfassenden Umwelteinfluß.

Das größte Massenexperiment diesbezüglich ist mißglückt. Mehr als siebzig Jahre haben die Bolschewiken in Rußland versucht, den Menschen durch eine straffe Ideologie zu formen, und der Zusammenbruch des Systems im Jahre 1989 hat bewiesen, daß diese Ideologie absolut weltfremd, realitätsfremd ist. Denn immer haben die Menschen versucht, ihr Leben nach eigenen Vorstellungen zu gestalten, und das System hat mehr als fünf Millionen ständig in Zwangsarbeitslagern festgehalten, um durch solche Gewaltmaßnahmen die Ideologie zu sichern.

Schicksal ist bekanntlich Charakter plus Zeit. Der Charakter eines

Menschen ändert sich im Laufe des Lebens infolge der ununterbrochen einwirkenden Umwelteinflüsse, daher muß sich auch das Schicksal selbst dauernd verändern. Werden aber die Umwelteinflüsse richtig gewählt, verarbeitet und wirken sie harmonisch auf die Charakterbildung, dann muß daraus Zufriedenheit und mit ihr auch Lebensglück resultieren.

Von den zwei Betten

„Entscheidend im Leben ist erstens das Bett, in dem man geboren wurde, und zweitens dann das Bett, in das man steigt!"

Dieser so einfache Satz der konservativen Britin Margret Thatcher, die lange Zeit die Regierung innehatte, drückt genau das aus, was die Menschen in der heutigen Zeit scheinbar doch nicht ganz verstehen. Man hat sich das Bett, in dem man geboren wurde, nicht aussuchen können. Es war Schicksal, einmalig und in keiner Weise abzuändern. Man wurde geboren in einer bestimmten Gemeinschaft in einem bestimmten sozialen Milieu, von Eltern mit einem ganz bestimmten genetischen Satz, von dem man einen Großteil mitbekommen hat, in einer Zeit, die bezüglich der kulturellen, technischen und wirtschaftlichen Verhältnisse dieses und jenes zu bieten hatte, in einer Zeit der Not oder des Überflusses, mit einem bestimmten Verhältnis von Möglichkeiten zu den Notwendigkeiten. Jede Menschengeneration muß mit einem gewissen Maß an ständig drängenden Notwendigkeiten fertig werden, und Möglichkeiten gibt es nur jenseits dieses Zwanges. Als einst die ganze Lebenszeit damit verbracht werden mußte, die tägliche Ernährung zu sichern, blieb für Freizeit und Vergnügen keine Zeitspanne. Je mehr aber die Menschheit die Umwelt in den Griff bekam, umso mehr Freizeit konnte sie sich schaffen. Und wenn in der Gegenwart dank eines zuvor nie erreichten Wohlstandes das Ausmaß der zwingenden Notwendigkeiten zu einem Minimum schrumpfte, zumindest in den Ländern mit einem hohen technischen Standard, dann überwiegen eben die Möglichkeiten. Ja dank vieler sozialer Bestimmungen kann sogar jemand in den Wohlfahrtsstaaten ohne Arbeit leben und lebenslang auf Kosten der Allgemeinheit sein Leben ohne jede Verpflichtung gestalten. Allerdings spricht man in solchen Fällen von Sozialschmarotzern.

Das Bett also, in dem heutzutage die meisten Menschen geboren werden, ist ein gutes Bett, das dem Leben jedes einzelnen von Anfang an viele gute Chancen einräumt. Man denke nur daran, daß dies noch vor einem Jahrhundert nicht so war, daß noch um die Jahrhundertwende herum von zwanzig Neugeborenen nur vier das zwanzigste Lebensjahr erreichten, also nur jedes *fünfte* Kind zu Beruf und Familie kam. Infektionskrankheiten waren in erster Linie schuld an diesem dauernden Massensterben der Kinder, es waren Diphtherie, Tuberkulose, Typhus, Kinderlähmung, Keuchhusten, Mandelentzündungen mit ihren so üblen Folgen, nämlich Herzkrankheiten, die hier immer wieder namenloses Unglück brachten.

Aber das Bett, in das man sich auf Grund der eigenen Lebensgestaltung legt, dieses Bett muß man sich selbst aussuchen, dieses Bett muß man sich selbst bereiten. Mit Sicherheit kann man sagen, daß vor allem die Eltern, die verschiedenen Lebensumstände, letztlich auch der Staat mithelfen können, dieses Bett als zentrale Grundlage des eigenen Lebens aufzustellen. Aber mit aller Deutlichkeit gesagt, hier muß man selbst anpacken, dafür trägt man die alleinige Verantwortung. Die Zeit ist längst vorbei, wo zwingende Notwendigkeiten keine Chance boten, nach eigenen Wünschen und Vorstellungen das Leben zu gestalten. Heutzutage sind Bildungsmöglichkeiten, soziale Unterstützungen aller Art, vom Gratisschulbuch in Gratisschulen bis zu den Zahlungen des Staates an die Eltern bis zum siebenundzwanzigsten Lebensjahr, stabilste Grundlagen, die dem eigenen Streben breiten Raum geben und somit jedermann der Schmied seines eigenen Glücks sein kann. Daß die soziale Wohlfahrt nicht immer gute Früchte trägt, läßt sich leider gerade jetzt am Ende dieses Jahrhunderts deutlich erkennen. Immer mehr Jugendliche sind der festen Überzeugung, das zweite Bett des Lebens muß ihnen zur Gänze von der Allgemeinheit aufgestellt werden.

Ein recht einfacher Vergleich mag nun zeigen, worauf es im Leben eines Menschen zunächst einmal ankommt. Und wer objektiv denken kann, wird hier mit Sicherheit zustimmen.

Wenn man einen Baum setzt, normalerweise ein schwaches Gewächs mit wenig Wurzeln, dann wird man diesen tief in die Erde eingraben, auf daß er gute Wurzeln bilde und gut wachsen kann. Und man wird ihn an einen Pflock binden. Dieser soll verhindern, daß er durch den Wind und andere Umstände gekrümmt wird, daß ihn ein Sturm aus der Erde herausreißen kann. Angebunden an den Pflock, kann das Bäumchen gerade emporwachsen, sich fest verwurzeln, und später einmal bedarf es des Pflockes nicht mehr.

Der Pflock für den Menschen ist die Erziehung. Seit es Menschen auf dieser Erde gibt, haben sie auch über diesen so wichtigen Schicksalsfaktor nachgedacht. Sie haben zu allen Zeiten gewußt, daß derjenige, der viel gelernt, die umgebende Wirklichkeit in vollem Ausmaß verstanden hat, Richtlinien für das ganze Leben gewinnen und dann mit eigenen Plänen das Leben einteilen konnte, auf dem Lebensweg besser vorankommt und daher auch die verschiedenen Lebensaufgaben eher lösen kann als derjenige, der nicht bereit war, etwas zu lernen.

Eltern, Verwandte, die Gemeinschaft als solche haben zu allen Zeiten den Kindern Richtlinien mitgegeben, feste Grundsätze, sittliche Forderungen, die gewonnen wurden aus den Erfahrungen früherer Generationen. Zum Teil hat seit Jahrtausenden in allen menschlichen Gemeinschaften die Religion Ratschläge zur Bewältigung des Lebens gegeben, vor allem schon wegen der Notwendigkeit, dem Leben auch einen Sinn zu geben.

Man muß daher schon Überlegungen anstellen, wie es denn eigentlich dazu gekommen ist, daß jetzt vor der Jahrtausendwende in so vielfältiger Weise die Erfahrungen von einst gleichsam außer Kurs gesetzt wurden und den jungen Menschen viel mehr Freiheit zugestanden wird, die Eltern daher immer mehr an Autorität verlieren. Es ist nicht mehr so, daß gerade in den kritischesten Jahren, etwa in der Zeit rund um die Pubertät herum, Eltern in irgendeiner Weise eingreifen und beispielsweise auch Gehorsam verlangen können. Es haben verschiedene politische Strömungen mitgeholfen, die elterliche Autorität zu untergraben, ja sogar lächerlich zu machen. Zum Beispiel ist es gar nicht weiter kritisiert worden, daß anläßlich eines Parteitages der Sozialdemokraten die sogenannte junge Generation die völlige Freigabe von Suchtgiften verlangt hat. Statt nach Arbeit und Bildungsmöglichkeiten zu streben, wollen im Wohlfahrtsstaat junge Menschen als Suchtkrüppel durchs Leben gehen!

Heutzutage wird der Pflock, an dem ein Bäumchen emporwachsen soll – also im Vergleich zu der Erziehung –, bereits zu einer Zeit herausgerissen, wo von festen Wurzeln und geradem Wachstum noch keine Rede sein kann. Und die Folgen lassen sich in der erschreckendsten Weise erkennen. In Millionenheeren vegetieren Jugendliche dahin, arbeitsscheu, ungebildet und größtenteils drogensüchtig.

Das Verzichten

In der heutigen Zeit sind unzählige Millionen Menschen dauernd unzufrieden. Analysiert man deren ganze Lebenssituation, findet man höchst selten einen plausiblen Grund für dieses so quälende negative Zustandsgefühl. Es werden von der Unzufriedenheit Menschen geplagt, die eigentlich alles haben, sich alles leisten können und einen Lebensstandard, wie ihn die Vorfahren nicht einmal zu träumen wagten, haben. Und diese Unzufriedenheit beginnt schon im schulpflichtigen Alter, die Lebensfreude zu zerstören. Ja, und dann spricht man inmitten einer Wohlstandswelt von einem Konsumterror, dann lehnt man plötzlich die ganze Welt des Überangebotes an Konsumgütern ab und beginnt sich radikalen Gesinnungsfreunden anzuschließen. Unzählige junge Menschen wollen aussteigen und demonstrieren ihre negative Einstellung zur Umwelt durch eine fürchterliche, nach außen sichtbare Verwahrlosung.

Daß die Welt in einem Wohlfahrtsstaat nicht von vornherein als schlecht bezeichnet werden darf, liegt auf der Hand. Wie schrecklich wäre es doch, müßte man heutzutage wie vor zweihundert Jahren leben! Es muß etwas ganz anderes sein, das in der heutigen Zeit als so drückend empfunden wird. Merkwürdig genug, daß sich so wenige über die Hauptursache im klaren sind.

Man stelle sich eine Frau vor, die in einen ganz großen Supermarkt geht und eine Flasche Essig kaufen will. Essig ist für die Bereitung schmackhafter Speisen unentbehrlich und wird daher überall angeboten. Aber beileibe nicht einfach Essig. Weit gefehlt! In den Regalen stehen Dutzende verschiedene Essigsorten, zubereitet aus allerlei Naturprodukten. Und da die Hausfrau nur eine Flasche benötigt, steht sie zuerst etwas hilflos vor dem so großen Angebot, muß sich aber dann schließlich doch entscheiden. Sie wählt eine Flasche und trägt sie nach Hause. In ihrem Inneren aber hat sich etwas abgespielt, dessen sie sich so gut wie niemals bewußt wird.

Sie hat sich für eine Sorte Essig entschieden *und mußte daher auf alle anderen verlockenden Angebote verzichten!* Denn, und das ist hier die Quintessenz, jede Entscheidung trägt in sich auch einen Verzicht. Will ich ins Kino gehen, muß ich darauf verzichten, daheim ein Buch zu lesen. Will ich den Urlaub in den Bergen verbringen, kann ich nicht gleichzeitig an der flachen Adriaküste im Meer baden. Immer, das ganze Leben hindurch, wird ständiges Entscheiden und daher auch Verzichten gefordert.

Und daher ist es selbstverständlich und logisch, daß mit einem immer größeren Angebot an Konsumgütern und Möglichkeiten zur Gestaltung des Lebens auch immer mehr Entscheidungen und immer mehr Verzichten gefordert wird. Wer sich einen kleinen Honda gekauft hat, der hat sich zunächst für ein Auto japanischer Herkunft entschieden. Liest er dann in den Tageszeitungen die vielen Hinweise auf neue Autotypen, dann wurmt ihn wahrscheinlich in der Tiefe der Seele die Vorstellung, daß er nunmehr zumindest für ein paar Jahre auf all diese Autos verzichten muß, weil er eben schon eines erworben hat.

Es gab in der Nachkriegszeit lange Jahre hindurch einen Mangel an allem. Bekam man etwas, war man zufrieden, denn das Angebot an Konsumgütern war minimal. Als die ersten Autos wieder auf den Markt kamen, war man froh, überhaupt eines zu bekommen. Man brauchte sich nicht zu entscheiden, denn man hatte keine Auswahl. Vielleicht ist die Tatsache, daß in den Oststaaten Jahrzehnte hindurch die Menschen scheinbar weniger unzufrieden waren, auf das Fehlen von Entscheidungen zurückzuführen. Sie bekamen alles knapp, niemals im Überfluß. Man war ständig auf der Jagd nach irgendeinem Konsumgut und war froh, wenn man eines bekam. Welch Unterschied zur Wohlstandsgesellschaft, die von der Konsumfülle geradezu gelähmt wird!

Das dauernde Verzichtenmüssen in der heutigen Zeit bedingt eine immer größer werdende Unzufriedenheit. Sie aber hat ihre Ursache in der heute wohl überall erkennbaren Schwäche in der Erziehung. Die meisten Eltern sind gar nicht in der Lage, die Kinder rechtzeitig das Verzichten zu lehren. Ununterbrochen betteln die Kinder um dieses und jenes, und wenn die Eltern hart bleiben und etwas verweigern, dann sind es die Großeltern, die sozusagen nachgeben. So kommt es, daß so viele junge Menschen heranwachsen und niemals gelernt haben, auf etwas zu verzichten. Der Wiener Seelenarzt Professor Viktor Frankl hat dies ganz klar zum Ausdruck gebracht: „Junge Menschen wollen heute alles haben, ohne sich anstrengen zu müssen. Und sie wollen es gleich haben, sie wollen nicht warten!"

Es waren vor allem die Religionen, die den ungeheuren Wert des Entscheidens und Verzichtübens erkannt haben. Zum Beispiel wurden in früheren Zeiten die Fastengebote strengstens eingehalten, obwohl die Menschen zumeist nicht ausreichend zu essen hatten. Man war in der Lage, den Hunger zu ertragen, sich dieses oder jenes zu versagen, und die dadurch gewonnene Charakterstärke hat sich dann in vielen Lebenslagen bewährt. Heutzutage beginnt die Fastenzeit mit einem „Aschermittwochschmaus“, und dann hält sich kein Mensch mehr an irgendein Fastengebot.

Schon das Aufstehen erfordert Entscheidung und Verzicht. Stehe ich auf, kann ich nicht länger im Bett bleiben. Bleibe ich aber liegen, komme ich möglicherweise zu spät. Daher lehren kluge Eltern ihre Kinder, beim Wecken rasch und ohne lange Prozeduren aufzustehen. Eine Kleinigkeit wohl im Erziehungsprogramm, unter Umständen aber von allergrößter Wichtigkeit.

Lange vor all den Notwendigkeiten, die sich aus den Erfordernissen des Schulbesuches ergeben, müssen die Eltern bereits sorgfältig darauf achten, daß sich die Kinder immer wieder im Entscheiden und Verzichten üben. Und man kann später dann in jedem Lebensalter hier Versäumtes nachholen, indem man sich bei jeder Entscheidung vor Augen hält, daß damit auch Verzichten notwendig ist. Je besser man hier die Zusammenhänge versteht, umso leichter wird man gegen dieses zerstörende Gefühl der Unzufriedenheit ankämpfen können.

Es ist ein schweres Manko, wenn man sich nicht entscheiden kann. Wenn man hinter dem Entscheiden den drohenden Verzicht fühlt und unentschlossen hin und her schwankt. Viele Menschen versäumen auf diese Weise Chancen im Leben, ergreifen günstige Gelegenheiten mangels Entscheidungskraft nicht. Das reicht vom Ergreifen der Bildungsmöglichkeiten über Berufswahl und Partnerwahl bis zu den vielen Möglichkeiten sozialer Tätigkeiten. Die eigene Entscheidungskraft zu prüfen ist daher ein Gebot der Stunde. Und das Verzichtenüben kann, so schmerzlich es anfänglich sein mag, echte Lebensfreude entstehen lassen.

Das Reifen

> *„Willst Du für ein Jahr wirken,*
> *dann pflanze Reis!*
> *Willst Du für zehn Jahre wirken,*
> *dann pflanze einen Baum!*
> *Willst Du für hundert Jahre wirken,*
> *dann gehe hin und unterrichte das Volk!“*

Dieses chinesische Sprichwort zeigt wohl mit größtmöglicher Deutlichkeit, welch ungeheurer Einfluß jeglicher Bildung zukommt und wie langfristig jegliches erworbenes Wissen nachwirken kann. Die moderne Biologie vermag nachzuweisen, daß jeder Kontakt zwischen Menschen im Gehirn tiefe Erinnerungsspuren hinterläßt, daß jedes Wort, das man hört, unter Umständen lebenslang nicht vergessen wird. Es kommt daher dem Schulunterricht vor allem, aber bereits den Belehrungen eines heranwachsenden Kindes vor der Einschulung die allergrößte Bedeutung zu.

Die Emporentwicklung der Menschheit aus dem primitiven, rein vegetativen Dasein ging immer gleichlaufend mit der geistigen Höherentwicklung. Und damit eben mit einem immer besseren Verständnis der Wirklichkeit, besser gesagt der Wirklichkeitsebene, auf der sich ein Mensch befindet und die sich ununterbrochen ändert.

Der Erziehung wurde daher sicherlich vom Uranfang des Menschseins große Bedeutung zugemessen, alle Kulturvölker haben die Erziehung an erste Stelle gesetzt. Und darüber nachgedacht, welche Form der Erziehung wohl die beste Aussicht hat, lebenstüchtige Menschen heranzubilden. Die Spartaner haben hier durch zum Teil unglaubliche Härte ihre Existenz inmitten einer immer wieder feindlichen Umwelt zu sichern versucht. Der einst berüchtigte preußische Drill verfolgte ähnliche Ziele, und was in den Schulen der Jesuiten geschieht, hat bestimmt nichts mit Weichheit und Toleranz zu tun.

Eine allgemeine Schulpflicht gibt es erst seit dem achtzehnten Jahrhundert, und das Bildungsziel war relativ sehr bescheiden. Die Kinder lernten lesen und schreiben und sollten auch die vier Grundrechnungsarten beherrschen. Selbstverständlich genügt dieses Mindestprogramm heute nicht mehr, und so haben sich diejenigen, die Verantwortung für die Erziehung und die Bildung tragen, immer mehr bemüht, die Lernziele zu erweitern und ein immer breiteres Wissen zu vermitteln. Denn eines haben die Pädagogen wohl zu allen Zeiten erkannt: daß sich nämlich die Wirklichkeit immer wieder ändert, der Mensch immer wieder neuen Herausforderungen seitens der Umwelt ausgesetzt ist und daher immer nur ein sehr umfassendes Wissen die Sicherheit gibt, mit allen Notwendigkeiten fertig zu werden. Die Schulpflicht ist daher die Grundlage für die Lebenstüchtigkeit überhaupt, und es kommt daher bei der ganzen Erziehung darauf an, dem jungen Menschen die Bedeutung des Lernens und die damit verbundenen Anstrengungen rechtzeitig verständlich zu machen. Es gibt Kinder, die gehen gerne in die Schule und zur Freude der Eltern gibt es kaum Schwierigkeiten mit der Schule. Andererseits gibt es Kinder, die nur mühsam lernen und jede Gelegenheit nützen, um sich nicht anstrengen zu müssen. Daß hier weitgehend die Erziehung dieses Verhalten bestimmt, wird nicht immer verstanden und akzeptiert. Das moderne Wort in diesem Fall heißt „Motivation", und es kann immer, ohne Ausnahme, gelingen, Kinder zum Lernen zu motivieren, wenn man die richtigen Worte findet, genügend Zeit aufwendet und auf die Individualität des kindlichen Charakters eingeht.

Daß gerade hierzulande in den vergangenen zwanzig Jahren seitens der Schulbehörden gegensätzliche Bestrebungen das Leistungsdenken vermindert haben, ist für die Existenz eines ganzen Volkes von schier grauenhafter Auswirkung. Wenn eindeutig festzustellen ist, daß Maturanten nicht orthographisch richtig schreiben können, Schulabgänger aus den Pflichtschulen keinen längeren Satz fehlerfrei lesen können und regelrecht dumm sind, dann muß man sich fragen, welch ein Ungeist hier in den Gehirnen der Verantwortlichen diese katastrophale Entwicklung herbeigeführt hat.

Das Reifen, ein ununterbrochener körperlicher, seelischer und geistiger Vorgang, duldet keine Pausen des Nichtstuns. Wenn es heute als ideal angesehen wird, daß Kinder nur fünf Tage unterrichtet werden, über das Wochenende keine Aufgaben gegeben werden dürfen und somit jeder Bequemlichkeit Platz gegeben wird, dann muß man sich ernstlich fragen, warum man denn die Erfahrungen der vergangenen zwei Jahrhunderte nicht zur Kenntnis nehmen will. Es läßt doch der ganze technische Fortschritt, die Summe aller Veränderungen des täglichen Lebens klar und deutlich erkennen, daß kein Mensch mit dem, was er in der Schule gelernt hat – und es ist egal, wie lange er welche Schule auch immer besucht hat –, lebenslang das Auskommen finden kann. Das ganze Leben, bis zum Tod, muß man immer weiter lernen, immer Neues erkennen können und zu verstehen versuchen. Denn, man kann es nicht oft genug betonen, die Wirklichkeitsebene verändert sich oft in unglaublich kurzer Zeit, und wer hier versagt, wer etwas nicht begreift, nicht verstehen kann, dem geht es dann im weiteren Leben schlecht. Es ist kein Zufall, daß Millionen Menschen zu chemischen Substanzen greifen, die sozusagen die Wirklichkeit abblocken und den Druck seitens der Umwelt mildern. Daß man aber dadurch den Zugang zur Realität mehr und mehr verrammelt, wird nur von wenigen verstanden.

Lernen aber bedeutet noch immer Anstrengung. Selbst in der Gegenwart, wo soviel technische Lernbehelfe angeboten werden, kommt man um die Notwendigkeit, sich anzustrengen, nicht herum. Den berühmten Nürnberger Trichter, mit dessen Hilfe man das Wissensgut mühelos in das Gehirn eingießen kann, gibt es nicht und wird ihn auch niemals geben!

Daher kommt im Rahmen der Erziehung es eben darauf an, die Kinder rechtzeitig zu lehren, wie man lernt, wobei man jene Strategie herausfinden muß, mit deren Hilfe am besten motiviert werden kann.

Das klingt alles kompliziert, ist es aber nicht. Die Eltern oder sonstige Bezugspersonen müssen sich hier nur des Zieles klar sein, das sie erreichen wollen. Nämlich jungen, heranwachsenden Menschen den richtigen Weg zeigen, wie man lebenslang das Gehirn, diesen grandiosen organischen Computer, immer wieder neue Software zu füttern hat!

Die Einstellung

„Arbeit sei Dir dreierlei, Nährer, Freudenbringen und Arznei!“

Der wichtigste Zugang zur umgebenden Wirklichkeit, das Begreifen der Umwelt in des Wortes wahrsten Sinn (greifen!) geschieht durch Arbeit. Und diese wiederum setzt Anstrengung in irgendeiner Form voraus. (Auch im Alphabet findet man die Reihenfolge A-E-G, also Arbeit, Erfolg und Geld.) Hat man während der Schulzeit ein genügend großes Wissen erworben, muß man sich früher oder später eingliedern in die Notwendigkeit, die eben den Lebensunterhalt sichert. Und das ist die Arbeit in irgendeiner Form.

Es kommt lebenslang darauf an, wie man sich zur Arbeit stellt und wie man sie bewertet. Lebenslang kann ein Mensch unglücklich sein, wenn er nur das „Muß“ spürt und sonst nichts. Wenn er kein anderes Ziel kennt, als der Arbeitswelt zu entfliehen. Denn dieser Mensch hat obigen Satz nicht verstanden, wonach Arbeit eben mehr ist als schnöder Gelderwerb, daß es schließlich darauf ankommt, daß man genug verdient, um sich im Leben dieses oder jenes leisten zu können. Doch Arbeit kann auch Freude machen. Und letztlich ist sie in vielen Fällen tatsächlich Arznei, weil man dank einer Arbeit mit der Umwelt verbunden bleibt, die Brücke zur Wirklichkeit nicht verliert.

Der amerikanische Schriftsteller Tennessee Williams hat einmal geschrieben:

„Der reißende Wolf vor meiner Haustüre, der mich zerfleischen will, heißt Bequemlichkeit!“

Er hatte erkannt, daß Untätigkeit, Bequemlichkeit und Arbeitsscheu sowohl Körper wie auch die Psyche des Menschen zerstören kann, daß man schließlich sich auf der Realitätsebene nicht mehr zurechtfinden kann. An erster Stelle steht hier die Neurose, das gestörte Verhältnis zur Umwelt mit ihren Angstgefühlen, den dadurch ausgelösten Beschwerden, den Zwangshandlungen, der Sucht und der echten Depression.

Und hier beginnt bereits während der Schulzeit sich eine Einstellung zu formen, die dann unter Umständen lebenslang bestehen bleibt. Da gibt es Kinder, die muß man buchstäblich zwingen, endlich ihre Aufgaben zu machen und die nicht einen Handgriff mehr zu tun bereit sind. Und dann wiederum gibt es jene, die gern und freudig alle gestellten Aufgaben erledigen und oft noch durch Lesen zusätzlich das Gehirn trainieren. Den Eltern kommt hier eine ganz große Verpflichtung zu, denn der heranwachsende Jugendliche sollte rechtzeitig lernen, das, was gerade getan werden soll, ganz zu tun. Wenn man eine Mathematikaufgabe zu lösen hat, dann eben nur Mathematik. Wenn es gilt, ein Stück im Lesebuch zu lesen, dann nur lesen. Und wenn man dann spielen darf, dann eben nur spielen.

Später dann wird man eine solch simple Erziehung sehr zu schätzen wissen. Arbeit ist Arbeit und Freizeit ist Freizeit. Unterhaltung ist Unterhaltung und Pflicht ist Pflicht. Kann man sich voll und ganz darauf einstellen, was gerade jetzt zu tun ist, versucht man die Zeit für eine bestimmte Tätigkeit voll zu nützen, dann wird man auch so etwas wie eine Befriedigung empfinden.

Hierher gehört auch die Fähigkeit, den Druck von Unpäßlichkeiten aller Art rechtzeitig ertragen zu lernen. Es gibt nun einmal Schwankungen in der Stimmung, nicht jeden Tag hat man das gleiche Antriebspotential zur Verfügung. Es gibt Tage, wo man sich vielleicht sogar sehr müde fühlt, wo eine zu bewältigende Arbeit als zu groß erscheinen mag. Darüber hinaus können die einfachen Organgefühle wie Hunger und Durst, das Empfinden von Kälte, Zugluft, Hitze oder Schwüle als überaus störend empfunden werden. Es wurde früher einmal bei der Erziehung sehr viel Wert darauf gelegt, alle diese Unpäßlichkeiten ertragen zu können, den Körper und auch die Seele abzuhärten gegen unerfreuliche Umwelteinflüsse.

Ist es nicht einfachste Lebenserfahrung, daß es Menschen gibt, die immer wieder in einen Krankenstand flüchten und bei kleinster Gesundheitsstörung wochenlang der Arbeit fernbleiben, während andere immer gesund sind und keinen einzigen Arbeitstag versäumen?

Was nun die Einstellung zur Arbeit, zu den Widrigkeiten des Lebens, zu störenden Umwelteinflüssen und allerlei Lebenskrisen betrifft, so läßt sich alles mit einer Kurzformel ausdrücken. Man kann oder muß etwas ertragen, oder aber man kann ebendasselbe auch genießen!

Da mußte zum Beispiel eines Tages ein junger Mensch wegen einer Tuberkulose eines Wirbelkörpers viele Monate in einem Gipsbett liegen. Er mußte – schrecklich, sich das bloß vorstellen zu müssen – regungslos darin liegen! Es war für ihn ein Schock gewesen, als man ihm die Diagnose und die so mühevolle und belastende Behandlung mitgeteilt hatte. Und für den jungen Menschen gab es nur zwei Möglichkeiten, da er sich der zwingenden Notwendigkeit ja nicht entziehen konnte. Nämlich die Notwendigkeit zu akzeptieren und das Beste daraus zu machen. Oder aber monatelang zu verzweifeln!

Er sagte nicht, wie schlecht es ihm ginge. Er jammerte nicht, daß andere jetzt herumgehen können, Sport betreiben, tanzen gehen und alle Freuden des Lebens genießen dürfen. Er entdeckte die Möglichkeit, nunmehr all das eifrig studieren zu können, wozu er als Gesunder niemals Zeit gehabt hätte. Und mit großem Eifer absolvierte er einen Bildungsplan, der ihm dann nach der Genesung zu einem beruflichen Aufstieg verhalf.

Steht man vor einer Notwendigkeit, und dazu gehört so gut wie immer auch die berufliche Arbeit in irgendeiner Form, dann war und ist es immer von allergrößtem Vorteil gewesen, wenn man sich eben bemüht hat, das Beste daraus zu machen. Statt über ein „Muß" zu jammern und auf andere zu blicken, die es im Leben angeblich oder tatsächlich etwas besser getroffen haben, sollte man das, was einem als Aufgabe zugewiesen wurde, mit allen zur Verfügung stehenden Kräften zu bewältigen versuchen.

Je früher man zu dieser Erkenntnis gelangt, je früher man die Arbeit auch als Freudenbringer bewertet, umso leichter wird man sich auf dem Lebensweg bewegen können. Zumal in der heutigen Zeit ja jede wie immer geartete Arbeit mit den Mühen der Menschen von einst überhaupt nicht verglichen werden kann!

Einmal JA – einmal NEIN!

„Quidquid agis, prudenter agas, et respice finem!“
(Was immer Du tust, handle überlegt und bedenke das Ende!)

Es ist bekanntlich die Pubertät jenes Ereignis, das für die weitere Gestaltung des Lebens von allergrößter Bedeutung ist. Es beginnt mit dieser Hormonumstellung im Körper, dem „Einschalten der Sexualhormonproduktion“ auf der einen Seite, die mehr oder weniger abrupte Loslösung von der elterlichen Erziehungsgewalt, und auf der anderen Seite ein oft hektisches Streben nach Selbständigkeit. Es ist möglich und sogar häufig, daß sich diese Krise mehr oder weniger doch harmonisch bewältigen läßt, so daß es nicht zur Trennung und einem Verlassen des Elternhauses kommt. Es ist sicher nicht von Nachteil, wenn die Jugendlichen weiterhin die elterliche Autorität anerkennen und sich auch, wenngleich weniger streng, leiten lassen. Dennoch ist es gerade die Pubertät, die Zeit zwischen dem zwölften oder dreizehnten und sechzehnten Lebensjahr, wo einige Entscheidungen fallen, die dann für das ganze weitere Leben Gültigkeit besitzen.

Oder wie man immer wieder zu sagen pflegt:

„Das ganze Leben hängt von ein paar JA und ein paar NEIN ab, die in dieser kritischen Zeit gesprochen werden.“

Es klingt wenig sensationell, ist aber doch letztlich lebensentscheidend, ob man auf das Rauchen verzichtet oder sich lebenslang an den Glimmstengel kettet. Ein klares Nein, eine Entscheidung von allergrößter Tragweite, muß hier getroffen werden. Und wer die heutige Situation der Jugend kennt wird wohl deprimiert sein, denn jegliche Aufklärung über die gesundheitlichen Schäden haben bisher keinerlei erkennbare Resultate gezeigt.

Rauchen zerstört die Gesundheit, ist Ursache der Zwölffingerdarmgeschwüre, der Zuckerkrankheit, des Herzinfarktes, des Schlaganfalls, der Lungendystrophie und einer Reihe von Krebserkrankungen, weiters einer oft maximalen Schädigung des ganzen Gefäßsystems mit einer oft plötzlich einsetzenden Verblödung. Wer mit dem Rauchen beginnt, sollte klar und deutlich das Ende im Auge behalten. Daß nämlich unter allen Umständen eine Zerstörung der Gesundheit und eine Verkürzung des Lebens zu erwarten ist.

Man muß das Ende bedenken, wie dies das lateinische Sprichwort lehrt. Man muß auch an das Ende denken, wenn man ganz plötzlich keine Lust mehr zum Lernen hat. Wenn man also von all den Möglichkeiten zur Weiterbildung keinen Gebrauch mehr macht.

Niemals in der Geschichte der Menschheit haben junge Menschen so große Chancen gehabt, sich auf einen Beruf vorzubereiten und dafür auch die nötigen Voraussetzungen zu schaffen. Gerade in dieser so kritischen Zeit der Pubertät einfach sich der Untätigkeit, der Trägheit hinzugeben, „auszusteigen" oder auf und davon zu laufen, kann zu einer lebenslangen Katastrophe führen. Es kann in solch einem Fall einem jungen Menschen nicht eindringlich genug gesagt werden, daß hier eine klare Entscheidung notwendig ist und eben auch an das Ende gedacht werden muß, wenn man jetzt gerade versagt.

Daß jeder Konsum von Rauschgiften zu Krankheit, Siechtum und Tod führt, ist ja jedermann bekannt. Wenn dennoch die Zahl der Rauschgiftsüchtigen immer größer wird, dann ist dies ein erschreckender Beweis, daß man entweder dieses lateinische Sprichwort nicht kennt oder sich darüber hinwegsetzt. Denn es muß doch einem jungen Menschen vollkommen klar sein, daß schon mit der ersten Haschischzigarette, der ersten Heroininjektion ein Weg begangen wird, der nie mehr zu einem geraden und erfolgreichen Lebensweg zurückführt. Daß immer, ohne Ausnahme, das Ende schrecklich ist!

Daß der Beginn sexueller Praktiken eine Zäsur im Leben darstellt, ist verständlich. Daß hier neben Enttäuschungen in der Regel auch echte Lebenskatastrophen möglich sind, lehrt das tägliche Leben. Ein „Nein" kann hier oft zu einem Lebensglück führen, weil der eventuell hinausgeschobene Zeitpunkt sexueller Tätigkeit mehr Überlegungen und Verantwortlich reifen ließ.

Auf die Frage nach der beruflichen Tätigkeit, üblicherweise gestellt mit den Worten „Was willst Du werden", ist die Antwort auch von größter Wichtigkeit. Hier gilt auch nicht der augenblickliche Wunsch, denn man muß sich vor Augen halten, daß sich die Lebensverhältnisse ununterbrochen ändern. Man muß bedenken, daß eine Entscheidung zu einem bestimmten Beruf auch so etwas wie eine Sicherheit für die Zukunft geben sollte.

Während in früheren Zeiten die Berufswahl sich innerhalb nur weniger Möglichkeiten und oft nur von brutaler Notwendigkeit gelenkt abspielte, gibt es heutzutage jede erdenkliche Unterstützung zur Entscheidungsfindung. Aber es ist gerade die Vielzahl von Möglichkeiten, die eher hinderlich ist und die Kraft zu einer klaren Entscheidung schwächt. Junge Menschen sind hier gut beraten, wenn sie Ratschläge von vielen Seiten suchen, aber schließlich sich dann doch zur rechten

Zeit entscheiden und dann auch bei dieser Entscheidung bleiben. Wie viele irren herum, weil sie eine richtige Entscheidung nicht treffen konnten!

Und auch während des ganzen Lebens gilt jenes Sprichwort der alten Römer, für alle Krisensituationen, Veränderungen, die man selbst herbeiführt oder die einem aufgezwungen werden. Es gilt bei allen Partnerschaften, Gemeinschaftsarbeiten, bei der Übernahme von Pflichten und Verantwortung und bei jedem öffentlichen Auftreten.

Man muß immer überlegen, ehe man sich zu einer Handlung entschließt, und immer auch an das Ende denken, das ja immer in irgendeiner Form jegliche Aktivität abschließt.

Wer sich dieses Sprichwort zur Leitlinie gemacht hat, wird kaum im Leben scheitern, weil er dann eben jenen Mechanismus beherrscht, der im Leben von so gravierender Bedeutung ist. Nämlich auf der einen Seite klar zu entscheiden, auf der anderen aber auch zu verzichten. Wenn man das Ende bedenkt, kann es von großem Nutzen sein, auf etwas angesichts drohender Folgen von vornherein zu verzichten.

Nochmals:

„Respice finem!"

Denk immer an das Ende!

Spiel Deine Rolle gut!

Was erwartet man von einem Besuch eines Theaterstückes? Doch erstens einmal möchte man, daß das Gebotene interessant, lehrreich und unterhaltend sei und nicht langweilig. Zweitens aber möchte man gute schauspielerische Leistungen sehen, überzeugend und imponierend. Und nur wenige Menschen sind sich der Tatsache bewußt, daß sie im großen Stück, das „Leben" heißt, ebenfalls eine Rolle zu spielen haben. Nein, daß sie *verschiedene* „Rollen" spielen müssen, daß es daher im Leben immer wieder einen Rollenwechsel gibt. Daß man, um es in aller Deutlichkeit zu sagen, für jede neue Rolle sozusagen auch den dazugehörenden Text lernen muß.

Die erste Rolle, nämlich einfach Kind zu sein, wird noch von den Eltern oder Erziehern gelenkt, allerdings gibt es auch hier bereits Hinweise, wie man sich verhalten soll, was getan werden darf und wo es Verbote gibt. Und dann folgt die zweite Rolle, wo man als Schulkind, als Schüler oder Schülerin, sich einfügen muß in einen Lehrplan, und hier hat man bereits Pflichten zu erfüllen, sind Aufgaben zu bewältigen, und die Noten, die man im Zeugnis erhält, geben Auskunft über die Güte der Rolle, die man gespielt hat. Es ist selbstverständlich immer noch erstrebenswert, selbst auf die Gefahr hin, daß neidische Schulkollegen oder Schulkolleginnen von einem Strebertum sprechen. Daß der erste Rollenwechsel, vom Kind zum Schulkind, oft erhebliche Schwierigkeiten macht und die Anpassung oft nicht so reibungslos erfolgt, lehrt das Leben.

Die nächste Rolle, wo man sich für das Berufsleben vorbereitet, wo doch mit allen Kräften versucht werden soll, das nötige Können und Wissen zu erlangen, geht oft mit einer zweiten Hauptrolle einher, wo man erstmalig direkte Kontakte zum anderen Geschlecht findet, und hier sind die Möglichkeiten, sich selbst darzustellen, sich in Szene zu setzen, einfach unbegrenzt. Diese Rolle, selbst wenn sie erfahrungsgemäß soviel Leid und Kummer bringt – was ist schon schrecklicher als unglücklich verliebt sein in diesem Alter –, ist wohl eine der schönsten.

Es folgen dann in unregelmäßigen Zeitabständen die Rollen, die man als berufstätiger Mensch, als Familiengründer, als Vater oder Mutter zu spielen hat. Jede dieser Rollen fordert wohl die ganze Kraft und richtiges Verständnis für die hier gegebenen Notwendigkeiten. Wenn in der heutigen Zeit so viele Mütter zum Beispiel auch berufstätig sind, also Doppelrollen zu spielen sind, so ist dies zum Teil nur durch verschiedene unterstützende Umstände möglich, deren Wirksamkeiten freilich sehr variieren. Hat man Großeltern, die den größten Teil der Arbeit abnehmen, so ist dies natürlich wesentlich einfacher zu bewältigen.

Man muß sich immer über die Rolle, die man gerade zu spielen hat, im klaren sein, und man muß sich auch immer wieder überlegen, wie diese Rolle erfolgreich zu spielen ist. Denn wahres Lebensglück hängt ja fast zur Gänze davon ab, ob man die verschiedenen zugeteilten Rollen gut gespielt hat oder nicht. Die peinigenden Vorwürfe, die oft im Alter jeden Seelenfrieden zernagen, gehen ja zumeist auf das Konto irgendeines Versagens bei einer bestimmten Rolle.

Das Auftreten in der Öffentlichkeit erfordert ein ganz bestimmtes Rollenspiel, gravierende Änderungen treten ein, wenn die Kinder das Elternhaus verlassen, noch einschneidender ist der Austritt aus dem Berufsleben, die Pensionierung. Die letzte Rolle, die der alternde Mensch zu spielen hat, kann schön und zufriedenstellend sein, sie kann aber auch nichts anderes sein als eine ununterbrochene Kette von negativen Zustandsgefühlen wie Kummer, Angst, Verzweiflung, Verbitterung und vor allem quälende Unzufriedenheit, vielfach durch Neid verstärkt.

Es ist der Übergang von einer Rolle zur anderen immer eine Zäsur im Leben, genau besehen dürfte kein Mensch überrascht sein, wenn er plötzlich die eine Rolle aufgeben und eine andere übernehmen muß. Sehr viele Menschen erblicken in einem materiellen Erfolg den Sinn des Lebens und können, wie man zu sagen pflegt, ganz einfach nicht genug bekommen. Hier zeigt das Leben wirklich Erstaunliches, eine Gier nach Geld und Gut bestimmt das ganze Handeln, und diese Menschen haben einen der wichtigsten Sätze aus dem Buch der Lebensweisheiten vergessen. Daß nämlich Besitz in jeder Form, also auch der Besitz von Sparbüchern mit hohen Einlagen, gleichgültig macht gegen das, was man besitzt. Daß der zu großem Reichtum Gekommene sich seines Besitzes gar nicht freuen kann, daß er ihm genau besehen gleichgültig ist und er mitunter dauernd Angst haben muß, ihn zu verlieren. Richtet man das ganze Rollenspiel im Leben nur nach Überlegungen, wieviel damit zu verdienen ist, wird man höchst selten zu einem wahren Lebensglück gelangen können.

Daß so viele Menschen in der heutigen Zeit mit dem Leben unzufrieden sind, hängt vielfach damit zusammen, daß sie die Bedeutung des Rollenspieles niemals richtig überlegt haben. In früheren Zeiten, wo es noch die Großfamilien gegeben hat, auf engem Raum drei Generationen zusammenlebten, bot das tägliche Leben genügend Anschauungsunterricht, wie eben das Leben abläuft und wie sich ein Rollenwechsel abspielt. Man konnte als heranwachsender Jugendlicher erleben, wie Lebenssituationen aussehen, wie der Rollenwechsel Probleme aufwerfen kann.

Wenn heutzutage junge Menschen frühzeitig das Elternhaus verlassen und die familiären Bindungen frühzeitig oft vollkommen zerschnitten werden, fehlt dieser Anschauungsunterricht. Und dann geht man eben durchs Leben, ist sich des ganzen Rollenspieles gar nicht voll bewußt, und dann schlittert man in das Versagen hinein, dann bekommt man vom Leben schlechte Noten, dann wird das, was man gerade zu tun hat oder getan hat, als nichtgenügend bewertet. Dann ist der Weg geebnet zum Konsum von Drogen aller Art, um die Wirklichkeit zu vernebeln und ihr zu entfliehen.

Jeder Mensch muß während des Lebens immer eine oder mehrere Rollen spielen. Oberstes Gebot: DIE RICHTIGE ROLLE ZUR RICHTIGEN ZEIT SPIELEN!

Schreib Dir selbst einen Brief!

„Wie doch die Menschen sind! Sie sorgen,
was morgen werden wird und übermorgen,
und ihre Seelen bleiben blind und arm;
An Gärten kommen sie vorbei, an Gittern,
die von dem Drängen junger Sträucher zittern,
und ihre Seelen füllt der ewig gleiche Harm!"

Mit dieser Gedichtstrophe hat der österreichische Lyriker Anton Wildgans den Zustand von so vielen Menschen klar und deutlich zum Ausdruck gebracht. Harm, sich härmen, das heißt soviel wie Kummer haben, sich sorgen, sich kränken, angstvoll in die Zukunft blicken.

Und wer Sorgen hat, der kann sich des Lebens nicht freuen, den bedrücken alle negativen Zustandsgefühle. Und seelischer Kummer, jedes Maß von Sorgen wirkt sich dann auch auf das gesamte vegetative Nervensystem aus, und in weiterer Folge können daraus reihenweise Krankheiten entstehen.

Goethe schildert das unheilvolle Wirken der Frau Sorge im letzten Akt des zweiten Faustteiles:

„In verwandelter Gestalt,
üb ich grimmige Gewalt!"

Und weiter:

„Wen ich einmal besitze,
dem ist alle Welt nichts nütze;
ewiges Düstre steigt herunter,
Sonne geht nicht auf noch unter,
bei vollkommen äußern Sinnen
wohnen Finsternisse drinnen…"

Deutlicher kann man das zerstörende Wirken der Sorgen wohl nicht aufzeigen. Wer sich Sorgen macht, was alles in der Zukunft geschehen könnte, wer sich ständig nur Schreckliches, Unheilvolles, Gefährliches in seinen Gedanken ausmalt, der zieht in des Wortes wahrstem Sinn das Unheil magisch an. Das spielt besonders in der Heilkunde eine Rolle, denn es läßt sich real nachweisen, daß Angst vor Krankheiten, ständige Sorge, man könnte erkranken, auch tatsächlich zu einem Krankheitszustand führen kann.

Es ist natürlich nicht gerade leicht, einen sorgenbeladenen Menschen von seiner Last zu befreien. Daß es sich hier wohl um ein uraltes Problem der Menschheit handelt, zeigt die heute so wenig gut verstandene Bitte im christlichen Gebet, im „Vater unser". Dort heißt es bekanntlich: „Unser tägliches Brot gib uns *heute*".

Es wird nicht um das Brot für morgen und übermorgen gebetet, man betet nicht um Wohlergehen für alle kommenden Lebenstage, auch nicht für ein geruhsames Auskommen bis ans Lebensende. Nein, die Bitte geht ausschließlich nur um das heutige Brot, um die Sättigung heute. Was morgen ist, das ist eben erst morgen, ein neuer Tag, eine neue Arbeit, eine neue Auseinandersetzung mit den Fragen und Aufgaben des Lebens.

Die alten Römer faßten dieses Problem noch einfacher mit zwei Worten zusammen:

„Carpe diem!" (Nütze den Tag!)

Auch hier wird die Konzentration auf das Heute gefordert, der restlose Einsatz gerade heute, jetzt, in dieser Stunde. Und so scheint es doch oft so zu sein, daß sorgenbeladene Menschen den Blick vielleicht nicht ausreichend auf die Gegenwart lenken, sondern von der Gegenwart weg sich in der Zukunft sozusagen verlieren. Natürlich gehört die Voraussicht zu den wertvollsten gedanklichen Fähigkeiten des Menschen, doch muß es eben ein harmonisches Band geben zwischen der alltäglichen Pflichterfüllung, der täglichen Bewältigung aller Aufgaben und den Vorsätzen und Plänen für die Zukunft.

Hier hat der amerikanische Gesundheitsapostel mit seinem Buch „Sorge Dich nicht, lebe!" einen überaus vernünftigen Rat gegeben. Er ist denkbar leicht zu befolgen und zeigt dann fast immer die vollkommene Sinnlosigkeit der Sorgen.

Dale Carnegie schrieb, man möge sich einmal hinsetzen und auf einem Blatt Papier alle Sorgen, die bedrücken, niederschreiben. Man möge nachdenken, was alles in der Zukunft an schrecklichen Dingen geschehen könnte, welche unheilvolle Entwicklungen eintreten könnten. Und hat man dann alles niedergeschrieben, sollte man das beschriebene Blatt in ein Kouvert geben, zukleben und mit dem Datum des nächsten Jahres versehen.

Wenn man dann ein Jahr später den Brief öffnet und liest, worüber man sich Sorgen gemacht hat, dann hat man oft einen Grund zu herzhaftem Lachen. Denn es zeigt sich dann deutlich, daß nicht nur nichts von den Befürchtungen eingetreten ist, sondern auch die Sorgen weit an der Realität vorbeigingen. Und wenn man das einige Jahre hindurch gemacht hat, wird man vielleicht die Sorgen, die ja immer wieder heranfluten, leichter abwehren können.

Denn es ist tatsächlich so, daß dieses Streben nach Sicherheit, nach einem Auskommen für das ganze Leben, dieses Anhäufen von Sorgen aller Art mehr und mehr doch einer gewissen Anpassungsschwäche entspricht. Menschen, die sich zutrauen, in jeder Lebensperiode mit den Herausforderungen seitens der Umwelt fertig zu werden, haben keine Zukunftssorgen. Wenngleich es leider in der heutigen Zeit berechtigt ist, über die Zukunft mit einigen Sorgen nachzudenken, denn an erster Stelle droht immer mehr Menschen eine schreckliche Arbeitslosigkeit, und es lassen die gesamten politischen Verhältnisse mit ihren chaotischen Tendenzen schon Sorgen aller Art zu.

Aber wenn man einmal erkannt hat, daß ein Großteil übler Stimmungen, depressiver Zustände und Freudlosigkeit auf Sorgen zurückzuführen ist, wenn sogenannte Gedankenspiralen quälen und immer wieder die gleiche Sorge Aufmerksamkeit fordert, dann sollte man die Kraft zur Gegensteuerung haben. Mit der Konzentration auf das Heute, auf das restlose Ausnützen der Gegenwart. Arbeit ist konkrete Auseinandersetzung mit der Wirklichkeit, der gegenwärtigen Realität. Und das lenkt doch in der wunderbarsten Weise ab!

Gib Dir Rechenschaft

Es gibt bekanntlich sehr viele Menschen, die führen ein Tagebuch. Und es gibt noch viel mehr Menschen, die niemals auf die Idee gekommen sind, dergleichen zu tun, die eine tägliche Kontrolle der eigenen Aktivität als absurd und unnütz abtun.

Nun muß man ja wirklich nicht jeden Abend zur Feder greifen und den ganzen Tagesablauf schriftlich niederlegen. Aber zu allen Zeiten haben die Religionen der Welt die sogenannte Gewissenserforschung gefordert, das Nachdenken über die eigenen Handlungen, das Nachdenken über alles, was geschehen ist. Gibt es nicht so viele Menschen, die auf die Frage, was sie am Vortag gemacht haben, keine Antwort mehr wissen? Sind nicht die meisten Menschen vollkommen unfähig, auch nur die wichtigsten Daten des eigenen Lebens in Erinnerung zu haben? Selbst auf die Frage nach schweren und vielleicht sogar lebensrettenden Operationen wissen die meisten nicht einmal die Jahreszahl.

Erkenne Dich selbst! Das steht an der Außenseite des Tempels von Delphi. Und diese Selbsterkenntnis, so lehrt auch ein altes Sprichwort, sei der erste Weg zur Besserung. Auf jeden Fall aber kann eine Überprüfung der eigenen Handlungen und deren Motive, der Einsatz der eigenen Kräfte zu irgendwelchen Tätigkeiten wohl niemals schaden, weil man dann mit einiger Sicherheit auch erkennen kann, daß man dieses oder jenes vielleicht besser hätte machen sollen.

Das Gedächtnis der Menschen ist verschieden gut. Manche können sich alles merken und sind daher über ihren bislang zurückgelegten Lebensweg bestens informiert, bei anderen versinkt alles im Dunkel der Vergangenheit und kann auch durch Grübeln nicht mehr hervorgeholt werden. Wie auch immer die Merkfähigkeit beschaffen sein mag, niemals kann es schaden, wenn man ein Tagebuch führt und sich somit immer wieder Rechenschaft gibt über das eigene Tun.

Die Gegenwart birgt ja immer größere Gefahren für den geistigen Zustand jedes Menschen. Im Überfluß ist jeder Mensch ununterbrochen einer Unzahl von Informationen ausgesetzt, die er teils bewußt, teils unbewußt wahrnimmt und die dennoch sein Denken beeinflussen. Allein das Fernsehen hat diesbezüglich geradezu verheerende Auswirkungen, weil es das Gehirn gleichsam lahmlegt und nur passiv Worte und Bilder aufgenommen werden. Während beim Lesen die Kräfte des Denkens, des Mitdenkens und Prüfens ständig aktiviert sind, fehlt dies beim Fernsehen vollkommen. So kommt es, daß schon bei den Schulkindern eine immer größere Konzentrationsschwäche zu bemerken ist, daß sie in ihren von Eindrücken aufgeblähten Gehirnen – bildlich gesprochen – keine Kraft mehr besitzen, sich ernsthaft auf einen Lerngegenstand zu konzentrieren. Weltweite Studien haben gerade in letzter Zeit bewiesen, daß Fernsehen regelrecht verdummen kann, daß die Fähigkeit zu rein gedanklichen Überlegungen allen Ernstes zerstört wird.

Ist es nicht erstaunlich, daß die weisen Führer der Menschheit, vor allem die Priester aller Religionen, die Konzentrationsübungen zu allen Zeiten gefordert haben, in Zeiten aber, wo es all diese Informationsmöglichkeiten noch gar nicht gegeben hat? Das Leben einst war ohne Fernsehen, ohne Radio, Telefon, Überflutungen mit künstlichem Licht und täglicher Zeitungslektüre. Und dennoch hat man größten Wert darauf gelegt, die Konzentrationsfähigkeit des Denkens zu schulen! Wie dringend notwendig sind aber erst Konzentrationsübungen in der heutigen Zeit, wo eben durch die so massiven Umwelteinflüsse das Denken mehr und mehr geschwächt wird. Wo Seelenärzte immer wieder den Rat geben, sich einmal zurückzuziehen und abzuschalten, sich einmal loszulösen vom Druck der Umwelt und in sich selbst hineinzuhorchen.

Ist es nicht ein beklemmendes Fanal, wenn man hört, daß die überwiegende Mehrzahl der Jugendlichen von heute nicht mehr in der Lage ist, Gelesenes zu verstehen, wenn einem Hauptsatz ein oder mehrere Nebensätze folgen? Das Denken also so geschwächt ist, daß man sich beim Lesen den Sinn eines Satzes vom Anfang bis zum Ende nicht merken kann?

Die Selbsterkenntnis, geübt am Abend, nach Vollendung der Tagesarbeit, durch Überprüfung des Tages, Überlegungen zum eigenen Tun und dann daraus das Fassen eines Vorsatzes für den nächsten Tag, ist wohl wertvolle Konzentrationsübung. Sie vermittelt das Erkennen des eigenen Ichs, sie gibt die Möglichkeit, bewußter zu leben. Und wer bewußt lebt, der hat auch die bessere Beziehung zur Realitätsebene, zur umgebenden Wirklichkeit.

Das Führen eines Tagebuches erfordert Disziplin. Es gehört ein Entschluß dazu, ein Antrieb, sich hinzusetzen und jetzt die Gedanken zu ordnen, sich auf den ganzen zurückliegenden Tagesablauf zu konzentrieren. Hat man sich einmal daran gewöhnt, dann entsteht so etwas wie eine mahnende Stimmung im Inneren, die es einfach nicht duldet, daß man sich zu Bett legt, ehe man nicht diese Konzentrationsübung durchgeführt hat.

Es muß nicht einmal das Tagebuch mit schriftlichen Aufzeichnungen sein. Es genügen selbstverständlich auch ein paar Minuten jeden Abend, wo man zurückschauen soll und alles überdenken kann. Früher einmal haben die Menschen aus eigenem Antrieb abends gebetet und sich bei dieser Gelegenheit Rechenschaft gegeben über den abgelaufenen Tag.

Heutzutage dürfen sich die Schulkinder ab dem vierzehnten Lebensjahr ohne Erlaubnis der Eltern vom Religionsunterricht abmelden und haben daher das Beten verlernt. Ob das wirklich ein so großer Fortschritt ist, mag dahingestellt sein.

Diese Konzentrationsübungen jeden Abend, mit oder ohne Tagebuch, stärken selbstverständlich auch das Gedächtnis und geben damit die Möglichkeit, sich besser an Vergangenes zu erinnern. Und der Mensch wird nun einmal durch die Vergangenheit strukturiert und durch Ziele in der Zukunft motiviert. Wenn man die eigene Vergangenheit gut überblicken kann, dann kann man auch erkennen, warum dieses oder jenes so gekommen ist, in welchem Ausmaß man selbst für die verschiedenen Lebensereignisse verantwortlich war. Man gewinnt einen festen Boden durch ausreichende Kenntnis der Vergangenheit. Und aus dem Erkennen der eigenen Struktur ergeben sich dann für die Zukunft mehr Möglichkeiten, den Lebensweg bewußter zu gehen.

Ach ja, viele Menschen sagen, zu solchen Konzentrationsübungen hätten sie keine Zeit! Und wissen nicht, daß gerade diese Behauptung der Beweis dafür ist, daß ihr eigenes Leben so oberflächlich und gedankenlos geworden ist. Denn auf eine präzise Frage bekommt man ja fast immer die Antwort, daß man täglich mehrere Stunden vor dem Fernsehschirm zu verbringen pflegt.

Zusammenfassung

Das Bett, in dem man geboren wurde, hat man sich nicht ausgesucht. Das Bett jedoch, in das man steigt und worin man dann sein Leben liegen wird, dieses Bett wird gezimmert durch die Erziehung, die Bildung, die Entscheidungsfähigkeit, die Arbeit, die Bereitschaft zum Verzichten, das Ertragen täglicher Verpflichtungen und vor allem durch das richtige Rollenspiel. Zumindest vom Beginn der Schulpflicht an können hier dem Lebensweg wichtige Markierungen gegeben werden, so daß man aus eigenen Kräften Korrekturen des Schicksals vornehmen kann. Niemals ist das Bett, in dem man geboren wurde, das Milieu, in dem man den ersten Schrei getan hat, der einzige Schicksalsfaktor, der unentrinnbar bestimmt, wie sich einmal das Leben gestalten wird. Immer, ohne Ausnahme, stehen jedem Menschen Kräfte zur Verfügung, die ihm die Möglichkeit geben, Änderungen vorzunehmen. Es kommt nur darauf an, diese Kräfte richtig einzusetzen. Erkenne Dich selbst! Eine Forderung, die schon die alten Griechen gestellt haben. Wer ständig seinen Lebensweg überprüft, wird auch in der Lage sein, Irrwege zu vermeiden.

Epilog

In einer Lebenskrise, wenn es offenbar nicht weitergehen will, wenn Depressionen plagen oder Verzweiflung aufkommt, dann bedarf der Mensch der Hilfe, der Stütze, des Zuspruches. Doch an erster Stelle muß immer versucht werden, bei sich selbst Fehler und Ursachen einer Misere zu suchen. Und das kann in einer doch recht einfachen Weise geschehen, indem man sich drei Fragen stellt:

1. IST DAS, WAS GEGENWÄRTIG BEDRÜCKT, MIT DEM GENETISCHEN FAKTOR ZUSAMMENHÄNGEND?
2. IST DAS, WAS GEGENWÄRTIG BEDRÜCKT, MIT DEM KOSMISCHEN FAKTOR ZUSAMMENHÄNGEND?
3. IST DAS, WAS GEGENWÄRTIG BEDRÜCKT, MIT DEM SOZIOLOGISCHEN FAKTOR ZUSAMMENHÄNGEND?

Diese Fragen können, wenn man hier alles richtig überlegt, ohne Zweifel beantwortet werden!

Und wenn man einmal die Ursache gefunden hat, dann mag es wohl auch mitunter noch recht schwierig sein, Abhilfe zu schaffen, aber man weiß dann wenigstens, wo Ansatzpunkte sind, um aus einer freudlosen Situation wieder herauszukommen. Und man wird dann auch wissen, wo man eingreifen muß, wie man durch eigene Aktivitäten aus einer Bedrängnis herauskommen kann.

Man kann sich also nicht in einen Sessel fallen lassen und dann an Mitmenschen die Frage stellen, wie es weitergehen soll. Man muß selbst mithelfen, von sich aus die Bereitschaft erkennen lassen, wieder auf einen richtigen Weg zu kommen. Bei Krankheiten hilft der fanatische Wille zum Gesundwerden, bei üblen Sternen das Wissen um die Vergänglichkeit solcher negativer Einflüsse, und bei Umweltschwierigkeiten wird man versuchen müssen, Beziehungen neu zu ordnen oder bestehende zu überprüfen.

Einfach ist das alles sicher nicht!

Aber Wegmarkierungen sind da, man muß sie nur sehen und in die gezeigte Richtung gehen. Man muß wissen, daß es drei Schicksalsfügungen gibt, die man annehmen muß, daß aber jede dieser Fügungen durch eigenes Tun korrigiert, vor allem verbessert werden kann. Und damit der Lebensweg zum Lebensglück führt!